Nie mehr pleite!

CORNELIA EMILIAN
ANTJE SCHWEITZER

NIE MEHR PLEITE!

MIT ILLUSTRATIONEN
VON ALEXANDER WEILER

THIENEMANN

Die Deutsche Bibliothek – CIP-Einheitsaufnahme
Ein Titeldatensatz für diese Publikation
ist bei Der Deutschen Bibliothek erhältlich

Emilian, Cornelia/Schweitzer, Antje:
Nie mehr pleite!
ISBN 3 522 17504 2

Konzeption, Gestaltung und Herstellung:
Hampp Media GmbH, Stuttgart
Einband- und Innenillustrationen: Alexander Weiler
Redaktion: Marion Krause und Claudia Hentschke
Schrift: Excelsior
Satz: pws Print- und Werbeservice Stuttgart GmbH
Druck und Bindung: Friedrich Pustet, Regensburg
© 2002 by K. Thienemanns Verlag, Stuttgart – Wien
Printed in Germany. Alle Rechte vorbehalten.
5 4 3 2 1*   02 03 04 05

Thienemann im Internet: www.thienemann.de

INHALT

VON MÄUSEN UND MENSCHEN

Es regiert tatsächlich die Welt – und wer dir etwas anderes einredet, hat Unrecht. Denn insgeheim wünschen sich jede und jeder und auch die Neunmalschlauen ganz viel mehr davon: Kohle, Mäuse, Flöhe, Piepen, Knete, Pinkepinke, Zaster, Schotter, Moneten, Money, Münzen, Scheine – kurz gesagt Geld! Warum also nicht sofort damit beginnen, die Sache mit dem »Mehr davon« in die richtigen Wege zu leiten. Schließlich fangen auch große Finanzhaie mal als winzige Fische an. So wie Formel-1-Boss Bernie Ecclestone, der als Einstieg in sein mittlerweile megagroßes Geschäft im wahrsten Sinne des Wortes kleine Brötchen gebacken hat – er verkaufte Pausensnacks auf dem Schulhof. Oder wie der reichste Unternehmer schlechthin, »Mr. Microsoft« Bill Gates, der schon mit 13 Jahren so konsequent am Schulcomputer tüftelte, dass er als Schüler für den Check großer Rechner satt Kohle kassierte – und später als jüngster Milliardär ins Guinness-Buch der Rekorde kam.

Nun aber zu dir. Du musst ja nicht gleich in Bill-Gates-Dimensionen denken – aber ein kleiner Batzen mehr Geld, wäre das nicht genial?! Du meinst, du hast lange genug gequatscht und geträumt? Du willst endlich Nägel mit Köpfen oder besser Münzen und Scheine mit einem fetten € drauf machen? Der Erwerb dieses Buches ist die erste goldrichtige Investition dazu. Es wird helfen, den Code für mehr Mäuse zu knacken. Mit Tipps für einen möglichst hohen Taschengeldtarif, vielen

Ideen und Vorschlägen, wie du mit Jobs neben der Schule Kohle scheffeln und dabei auch noch Spaß haben kannst, und mit einem umfangreichen Trainingsprogramm in Sachen Sparen. Für ganz Clevere gibt's in den letzten Kapiteln die ultimativen Infos, wie du mithilfe von Banken, Sparkassen und Börse zum cleveren Finanzhai wirst.

Künstler, Knauser oder Knabberer?

Welcher Geldtyp bist du? Jonglierst du so gut mit dem Zaster herum, dass du schon jetzt das Zeug zu einem Finanzgenie hast und es nur noch an Masse mangelt? Schlagen deine paar Piepen in der Tasche Wurzeln, wo sie sich weder vermehren noch Spaß machen? Oder müsste für dich an jedem 15. mit dem Monat Schluss sein, weil du es nur schwer schaffst, den Schotter zusammenzuhalten? Mach den Test – und dann weißt du, wo und wie es für dich am besten weitergeht.

Welcher Geldtyp bist du?

1 **Rate mal, wie viel Kohle du gerade im Geldbeutel hast! Nicht nachschauen: erst schätzen, dann nachzählen! Liegst du mit dem Betrag ...**
A ... völlig daneben?
B ... einigermaßen okay?
C ... bis auf ein paar Cents total richtig?

2 **Was hältst du von dem Dagobert-Duck-Syndrom, auf dem Geld zu sitzen?**
A Etwas übertrieben, aber reich wird man eben nur, wenn man richtig viel spart.
B Alles Quatsch! Einen kleinen Teil seiner Kohle auf die Seite zu räumen, genügt auch, um reich zu werden.
C Sich total einzuschränken, ist Blödsinn. Mit Spaß sparen bringt einen auch ans Ziel.

3 Die Oma winkt mit einem »Fuffi« fürs Sparschwein. Was tust du?

A Ihn erst mal einstecken und dann weitersehen.

B Ihn aufteilen: für sofort, für einen Wunsch, fürs Sparkonto.

C Ihn für einen Wunsch ausgeben – ist ja eine Art Gewinn außer der Reihe.

4 Gehst du für eine neue Klamotte auch ins Kaufhaus?

A Igitt! Nein! Da gibt es doch nur Ramsch!

B Warum nicht?! Basics wie T-Shirts sind da auch nicht schlechter, nur günstiger.

C Na klar, weil ich da alles billiger kriege.

5 Verirren sich in deinen Hosen- und Jackentaschen häufig ein paar Mäuse, sprich Münzen oder auch mal Scheine?

A Kann sein.

B Kommt vor.

C Ist mir noch nicht passiert.

6 Wenn ich auf einer Geburtstagsparty eingeladen bin ...

A ... mache ich auch mal was selber.

B ... kaufe ich irgendeine nette Kleinigkeit, von der ich denke, dass sie ankommt.

C ... kaufe ich etwas, was ich obersüß finde.

7 Für die ersehnte Lederjacke/Jeansjacke (oder sonst was) ...

A ... lege ich jede Woche ein paar Euro zurück.

B ... gehe ich reihum in der Familie betteln.

C ... knacke ich mein Kleingeld-Sparschwein.

8 **Was hältst du von dem Spruch »Geld macht nicht glücklich«?**
   A Quatsch! Geld macht schon glücklich.
   B Da ist was dran.
   C Kann sein. Aber es gibt ein gutes Gefühl.

9 **Wenn ein kleiner Batzen Geld auf der Bank was abwerfen soll, brauchst du am ehesten ...**
   A ... ein Girokonto.
   B ... einen Sparbrief.
   C ... ein Sparbuch.

10 **Bei Geld hört die Freundschaft auf, heißt es. Hand aufs Herz, was machst du, wenn dich ein(e) Freund(in) um ein paar Scheine (sprich: einen größeren Betrag ab 50 Euro) anpumpen will?**
   A Einfach so würde ich auf keinen Fall etwas verleihen. Kommt ganz auf ihre/ seine Argumente an.
   B Wenn ich es verschmerzen kann, dann ja.
   C Wenn ich sie/ihn für zuverlässig halte, mache ich das schon.

Auswertung
Kreise in der folgenden Tabelle deine angekreuzten Antworten ein und zähle alle markierten Punkte zusammen.

	A	B	C
1	6	4	2
2	4	6	2
3	4	2	6
4	6	2	4
5	6	2	4
6	2	4	6
7	2	6	4
8	6	4	2
9	6	2	4
10	4	6	2

30

10

20 bis 28 Punkte – Der Künstler

Bingo! Vielleicht steckt ja doch ein kleiner Bill Gates in dir! Zumindest beweist du, dass du jede Menge Geldverstand besitzt und dich schon ziemlich darauf eingestimmt hast, mal was aus deinem Geld zu machen. Du gehst überlegt mit deiner Kohle um und lässt dir trotzdem nicht den Spaß verderben. Superschade wäre es jedoch, wenn du nicht mehr aus deinem guten Händchen herausholst. Deshalb solltest du alles ausschöpfen, was dir mehr Masse zum Leben und Anlegen verschafft: Eltern in Sachen Taschengeld zur Brust nehmen, nach einem lukrativen Job Ausschau halten und dich (weiter) intensiv mit Börsenkursen, Bankfonds etc. beschäftigen. Dann arbeitet das Geld bald für dich!

30 bis 46 Punkte – Der Knauser

Gute Ansätze sind da! Aber bitte nicht so ver-
krampft! Du versuchst zwar das Geld zusammenzuhalten, bist aber trotzdem nicht besonders bei Kasse,
weil du (noch) nicht viel von der Geld-Welt verstehst.
Nur zu knausern bringt nichts – höchstens schlechte
Laune! Spiel doch einfach mal durch, was du mit
etwas mehr Einsatz für die Moneten aus deinen
guten Grundgedanken in Sachen Sparen alles machen könntest. Gönne dir etwas durch einen Neben-
verdienst mit Spaßfaktor und versuche, mit unseren
Tipps »gesund« und mit Spaß zu sparen!

48 bis 60 Punkte – Der Knabberer

Ups! Kann es sein, dass du fest auf einen Lottogewinn oder eine(n) süße(n) Millionär(in) vertraust? Was du an Zaster in die Finger kriegst, überlebt meistens keine paar Tage. Und wenn doch, weißt du es oft gar nicht, weil du das Geld in irgendwelchen Taschen verschlampt hast. Kein Wunder, dass der Kontostand in deinem Geldbeutel einen chronischen Tiefstand aufweist. Am besten fängst du ganz von vorne an und überdenkst bei der Lektüre dieses Buches von der ersten bis zur letzten Seite dein Finanzverhalten – dann bist auch du immer (und nicht nur bis zum 15. oder 17.) flüssig.

MIT TASCHEN- GELD...

... von den Eltern gesponsert

Erinnerst du dich noch an die ersten paar Münzen als Kleinkind? Du hast geglaubt, jetzt hast du einen Haufen Geld in der Tasche und kannst alles kaufen. Inzwischen weißt du längst, dass das, was deine Eltern dir unter dem Stichwort Taschengeld so geben, nur beschränkt zur Erfüllung deiner Bedürfnisse reicht. Und immer wieder gibt es Stress wegen der Höhe. Das muss nicht sein.

VERHANDLUNG IST ALLES

Beginnen wir mit der Realität: Noch gibt es (leider) kein Gesetz, das die Zahlung von Taschengeld vorschreibt. Als einziges »Hintertürchen« räumt das Bundesgesetzbuch (BGB) Familienmitgliedern kleine Anteile am Nettoeinkommen des Verdienenden – sprich: deiner Eltern – ein (§ 1360). Schon mal gut zu wissen, dass du wenigstens einen gewissen Anspruch auf Geld überhaupt hast. Aber dass du gar kein Taschengeld bekommst, ist sicher nicht das Thema, mit dem du dich herumschlagen musst.

Viel mehr macht dir die mangelnde Masse an Mäusen Magenschmerzen – eine »Krankheit«, an der die meisten (nicht nur) in deinem Alter leiden. Aber auch da helfen keine festen Paragrafen, sondern höchstens empfohlene Mindesthöhen, die für dich und deine Eltern allerdings mehr ein Hinweis und kein Maßstab sein sollen.

Was ist so der Schnitt?

Alter	monatlich
10 – 12 Jahre	15 – 25 Euro*
13 – 14 Jahre	20 – 30 Euro*
15 Jahre	30 – 35 Euro*
16 Jahre	35 – 40 Euro*
17 Jahre	40 – 45 Euro*
Ab 18 Jahre	50 – 60 Euro*

* Die verschiedenen Höhen sind abhängig von Einkommen und Situation der Eltern.

Für die einen mag diese Tabelle ein Grund zum Jubeln sein, weil sie absolut im Trend oder sogar darüber liegen. Viele beginnen jetzt vielleicht zu heulen, weil ihr Taschengeld wesentlich mickriger ausfällt. Wie sieht es bei dir aus? Liegst du deutlich »unter dem Satz«, dann nimm diese Tabelle als Argumentationshilfe für die nächste Taschengelddiskussion mit deinen Eltern.

Aber Achtung!

Nicht allein die Summe zählt!
Am wichtigsten ist, was davon alles selbst bezahlt werden muss. So gibt es Jugendliche mit hohem Taschengeld, die nicht nur ihre Jeans, sondern sogar jede Socke selbst kaufen müssen. Da sind andere wesentlich besser dran, die vielleicht weniger ausgezahlt bekommen, dafür aber Klamotten und Schulsachen zusätzlich von den Eltern finanziert kriegen. Nicht unwichtig ist auch das Fahrgeld, falls du mit Bus oder Bahn zur Schule düst. Hier wäre sogar ein Spartipp drin, wenn du vielleicht mit dem Rad fährst, aber das Busgeld kassierst.

Und nun gleich zum wichtigsten Punkt: Wie musst du es anstellen, dass dein Taschengeld zum einen für deine Hobbys und die vielen anderen Kleinigkeiten ausreicht und dass sogar noch »Startkapital« für den Einstieg ins Wirtschaftsleben übrig bleibt? Eine vorgehaltene Pistole in Panzerknacker-Manier macht das Kraut beziehungsweise deinen Geldbeutel bestimmt nicht fett. Dafür aber könnte eine geschickte und überzeugende Verhandlungstaktik hilfreich sein, auf die du dich allerdings gut vorbereiten musst.

Dein Bedarf

Als Erstes machst du dir schon mal ein paar Gedanken und Notizen zu folgenden Punkten:

✳ Wie viel Geld brauchst du, um deine Grundausgaben zu decken? Sei wirklich ehrlich und realistisch und übertreibe nicht!

✳ Willst du regelmäßige notwendige Ausgaben (zum Beispiel für Kleider, Schulmaterialien, Fahrtkosten) in deiner eigenen Regie übernehmen und dafür entsprechend mehr Geld bekommen? Wenn ja, solltest du ungefähr nachrechnen, wie viel deine Eltern dafür bisher gelöhnt haben.

✳ Oder soll dein Taschengeld wirklich nur für ganz persönliche Ausgaben wie Unterhaltung, Weggehen, Hobbys und zusätzliche Klamotten sein?

✳ Wie viel Taschengeld bekommen deine Freunde und Freundinnen? Verwende diese Information deinen Eltern gegenüber als Vergleich, nicht als Druckmittel!

✳ Brauchst du demnächst einen größeren Betrag (zum Beispiel für den Moped-Führerschein, eine Klassenfahrt oder ein neues Fahrrad für den Schulweg), der in irgendeiner Form berücksichtigt werden muss?

✳ Wie viel verdienen deine Eltern – wenigstens so ungefähr, falls du es nicht genau weißt und nicht fragen willst? Dies zu wissen ist wichtig, damit du mit deinen Taschengeldforderungen im Rahmen bleibst. Hier ist ein bisschen dein Gefühl gefragt.

Die Strategie

Gehe mit Köpfchen vor, wenn du deine Eltern an den Verhandlungstisch bittest. Die beste Taktik für erfolgreiche Taschengeldgespräche mit den Eltern ist, wenn du Lösungen bietest und nicht bettelst wie ein Kleinkind! So gibst nämlich *du* den taktisch klugen Geschäftston an und musst dir den Tarif nicht vorschreiben lassen. Wenn du dich also gründlich auf den Taschengeld-Talk vorbereitet hast, zählen jetzt der richtige Zeitpunkt und überzeugende Argumente. Dazu ein paar Do's und Don'ts für deinen erfolgreichen Auftritt:

Do's

... darauf solltest du achten!

❋ Sammle kurz vorher Bonuspunkte. Hole zum Beispiel Brötchen oder koche Kaffee!

❋ Warte eine gemütliche Stimmung nach dem Samstags- oder Sonntagsfrühstück ab!

❋ Ziehe dich am Tag X endlich mal so an, wie deine Eltern dich toll finden!

❋ Ziehe vorher wie zufällig eine gute Note aus der Schultasche!

❋ Nimm eine erfreuliche Finanznachricht der Eltern (»Ich bekomme eine Gehaltserhöhung«, »Die Reparatur des Autos hat viel weniger gekostet als ich dachte«) zum Anlass!

❋ Sei selbst bester Laune und entspanne dich vorher: vielleicht durch ein wohliges Bad, ein bisschen frische Luft, einen Liebesbrief, den du erhalten hast.

❋ Kündige beiläufig an, dass du zum Beispiel doch nicht auf die (von den Eltern unerwünschte) Party gehst, für die du dir vielleicht am Tag vorher mit Gezeter die Erlaubnis geholt hast!

❋ Eine kleine Aufmerksamkeit (Wiesenblümchen, was Süßes als Bestechung) kann zur optimalen Einstimmung nie schaden!

Don'ts

... das solltest du lassen!

✳ Komm bloß nicht im alltäglichen Morgenstress mit dem Taschengeldthema an!

✳ Setze bei einem Streit mit deinen Eltern durch deine höheren finanziellen Forderungen nicht auch noch eins drauf. So nach dem Motto: »Und übrigens ...«

✳ Mach in Zeiten von größeren familiären Geldsorgen und entsprechenden Tischgesprächen wegen deinem Anliegen nicht noch zusätzlich Stress!

✳ Tritt nicht gerade mit einem provokativen Styling zu deinem Gespräch an!

✳ Beginne nie vor dem Frühstück, Mittag- oder Abendessen (sprich: auf leeren Magen) mit den Verhandlungen!

✳ Bringe nicht gerade deine Wünsche an, wenn du eine schlechte Note beichten musst!

✳ Hoffe nicht auf Zustimmung, weil deine Eltern gleich wegmüssen und kaum Zeit zum Nachdenken haben!

✳ Komme nicht gerade mit Pinkepinke an, wenn die Eltern von einem langen Arbeitstag total ausgepowert und müde sind!

Die Argumente

Genauso wichtig wie der richtige Zeitpunkt ist natürlich die »Zugkraft« deiner Worte und Gesprächsbeiträge. Um es deutlich zu sagen: Quatsche nicht blöd rum mit »Ääähs«, »ich hätte da ...«, »würde ...«, »wäre ...« – komm gleich ganz professionell auf den Punkt! Leg dir zurecht, was du vorbereitet hast und dann los mit deiner Überzeugungsarbeit!

Sei locker und zuversichtlich – nicht maulig und nervös! Mache deinen Eltern auf die freundliche Tour klar ...

* ... dass du verstehst, wie sie mit dem Geld rechnen müssen, um alles auf die Reihe zu kriegen, und wie sehr du dich bemühst, das (in Zukunft) auch zu tun.

* ... dass es dich glücklicher macht, ein angemessenes Taschengeld zu bekommen, das deinen Bedürfnissen entspricht. Dazu solltest du eine entsprechende Aufstellung vorlegen.

* ... dass es für dich ein Ansporn ist, selbstständig einen eigenen gehobenen (Taschengeld-)Etat zu verwalten, dir das Geld richtig einzuteilen und Verantwortung für deine eigene wirtschaftliche Situation zu übernehmen.

* ... dass du dich durch einen bestimmten Betrag unabhängiger machst und nicht mehr wegen jedem Euro angerannt kommst. Garantiert!

* ... dass du dir vorgenommen hast, für größere Wünsche und für die Zukunft zu sparen, um die Eltern zu entlasten.

* ... dass du auch bereit wärst, die Verantwortung für den gesamten dir zugedachten Etat zu übernehmen. Das heißt: Du kaufst dir Klamotten, Schulmaterial, Fahrkarten oder Essen für unter-

wegs selbst und erhältst dafür ein angemessenes Taschengeld. Du versprichst fest, die Eltern nicht mehr extra anzupumpen.

* ... dass du ihnen einfach nicht mehr mit dem Geldkram auf die Nerven gehen und ständige Streits wegen der Kohle zu den Akten legen willst.

Die Top-Ten der Überredungs-Tricks

Zehn witzige Tipps, wie deine Eltern vielleicht noch einen Tick auf dein Taschengeld draufgeben!

1 So lange kitzeln, bis du das Okay für die gewünschte Kohle hast!

2 Einfach mal wieder niederschmusen!

3 Pro Euro mehr (im Monat) einmal Rückenmassage!

4 Ein Bild von den Eltern auf den Schreibtisch stellen!

5 Dem Sparschwein dicke Tränen auf die Backen malen!

6 Einen Wunschtag für die Eltern einführen: Sie dürfen entscheiden, was ihr zusammen macht, und du ziehst garantiert kein gelangweiltes Gesicht dabei!

7 »Hunger« auf ein Tuch schreiben und vor den Eltern daran nagen!

8 In allen Jacken- und Manteltaschen der Eltern Schokomünzen verteilen – natürlich mit einem Zettelchen dran: »von ....!«

9 Gute Fee spielen und drei Wünsche erfüllen!

10 Schluss mit einer Marotte machen (z.B. grüne Haarsträhne, zerrissene Jeans, rauchen ...)!

Schwarz auf weiß

Versprechen sind schon mal gut, Fakten allerdings wesentlich besser! Denn was nützt dir die schönste Absprache mit den Eltern, wenn deine »Flöhe« nicht regelmäßig auf dem Tisch liegen oder du womöglich plötzlich tierisch dafür schuften musst. Schluss mit schwankenden Bezahlungen und Sonderbeschäftigungen! Setze ein schriftliches Abkommen auf, das deinen beschlossenen Taschengeldtarif vertraglich festlegt. Das sichert nicht nur deinen regelmäßigen Geldfluss, sondern zeigt gleichzeitig deine Geschäftstüchtigkeit.

Beiden Seiten gerecht wird ein »Mischvertrag«, der die Verpflichtungen deiner Eltern und deine Gegenleistungen schriftlich aufführt. Zum Beispiel:

Deine Eltern müssen:

✳ ... das Taschengeld monatlich (oder wöchentlich) in einer Höhe von ..... Euro bis spätestens zum 5. des Monats (oder an einem bestimmten Wochentag) bezahlen.

✳ ... dir zusichern, dass das Taschengeld für dich frei verfügbar ist. Deine Ausgaben unterliegen keiner Kontrolle durch die Geldgeber.

✳ ... zusätzlich bezahlen, was ihr vorher festgelegt habt (zum Beispiel Schulmaterialien, Fahrtkosten zur Schule, notwendige Kleidung).

✳ ... versprechen, dass sie das Taschengeld nicht einfach kürzen werden (Ausnahmen können je nach Absprache zum Beispiel finanzielle Notfälle in der Familie sein).

Du musst:

* … zusichern, dass du für das Taschengeld kleine häusliche Aufgaben wie zum Beispiel abspülen, eigenes Zimmer aufräumen, Müll raustragen, Blumen gießen übernimmst (je nachdem, was ihr festlegt).

* … mit dem Taschengeld alle deine »rein privaten« Ausgaben wie CDs, Zeitschriften, Kinokarten, zusätzliche Snacks und Getränke, Sonderwünsche bei Klamotten usw. (je nach Vereinbarung) finanzieren.

* … das Taschengeld so einteilen, dass zusätzliche Zahlungen der Eltern ausgeschlossen sind.

Sondervereinbarungen:

* Sonderleistungen wie etwa Auto waschen, Hecke schneiden, tapezieren, Rasen mähen oder ähnliche »Großaufträge« und, je nach Absprache, vielleicht auch Einser in der Schule werden extra bezahlt.

* An jedem Geburtstag erhöht sich das Taschengeld automatisch um ..... Euro.

Taschengeld-Paragraf (BGB, § 110)

»Ein von dem Minderjährigen ohne Zustimmung des gesetzlichen Vertreters geschlossener Vertrag gilt als von Anfang an wirksam, wenn der Minderjährige die vertragsgemäße Leistung mit Mitteln bewirkt, die ihm zu diesem Zwecke oder zur freien Verfügung von dem Vertreter oder mit dessen Zustimmung von einem Dritten überlassen worden sind ...«

Im Klartext: Für die Ausgaben, die du mit deinem Taschengeld machst, bist du selbst verantwortlich.

Kriegst du mit deiner Kohle aus Taschengeld und Sonderleistungen trotzdem nicht die Kurve, musst du schnell weiterblättern!

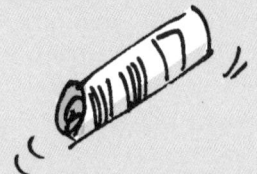

SCHOTTER SCHEFFELN

Mit Arbeit reich werden

Wenn dir kleckern nicht genügt, musst du klotzen – und für mehr Kohle ackern. Bringst du dabei noch deine Talente ins Spiel, kann ein Neben- oder Ferienjob so richtig Laune machen. Du solltest dir aber klar machen, dass es gesetzlicherseits Spielregeln gibt. Denk also unbedingt ein paar Takte nach, bevor du ins Business einsteigst.

VOR DEM JOBSTART

Beherrschst du die Fähigkeit, etwas zu fertigen, zu vermitteln oder zu veranstalten, was sich in Bares ummünzen lässt? Bist du ein Naturfreak oder brauchst du das pralle Leben unter Leuten, um richtig loslegen zu können? Wohnst du mitten in der Stadt oder auf der grünen Wiese? Willst du dir nur ein, zwei Stunden Freizeit in der Woche abknapsen oder kannst du auch mehr Zeit investieren, ohne in der Schule den Anschluss zu verlieren? Alles wichtige Fragen und Überlegungen, die du vor dem Jobstart klar kriegen solltest! Von Bedeutung ist natürlich auch, wie viel zusätzliches Einkommen du brauchst, wie du an die richtige Arbeit kommst und in welchem Alter du was tun kannst.

Im Namen des Gesetzes

Wann darfst du was?

Auch wenn es dich im ersten Moment ärgert: Dauerjobber müssen rein rechtlich eine Menge Voraussetzungen erfüllen, um überhaupt arbeiten zu dürfen. Und das hat seinen guten Grund: Mit solchen Gesetzen soll verhindert werden, dass Kinder und Jugendliche als billige Arbeitskräfte ausgenutzt werden. Alle geltenden Gesetze werden regelmäßig gecheckt und gegebenenfalls überarbeitet. Für Vollzeitschüler bis 18 Jahre gelten

das Jugendarbeitsschutzgesetz (kurz auch JarbSchG) sowie die Kinderarbeitsschutzverordnung (kurz auch KindArbSchV). Vollzeitschüler über 18 Jahre unterliegen dem Arbeitsschutzgesetz (kurz ArbSchG) sowie dem Sozialgesetzbuch VII (kurz SGB VII). Weil Gesetzestexte allerdings immer genauso lang wie langweilig sind, findest du hier nur die wichtigsten Facts. Alle anderen Infos, die für dich und deinen individuellen Job notwendig sind, bekommst du bei diesen Stellen:

* Arbeitsamt,
* Jugendamt,
* Gewerbeaufsichtsamt,
* Industrie- und Handelskammer.

Oberwichtig!

Auszüge aus dem Jugendarbeitsschutzgesetz und der Kinderarbeitsschutzverordnung:

* Das Jugendarbeitsschutzgesetz gilt für die Beschäftigung von Personen, die noch nicht 18 Jahre alt sind.
* Das Gesetz unterscheidet zwischen Kindern und Jugendlichen.
* Kind ist, wer noch nicht seinen 15. Geburtstag gefeiert hat.
* Jugendlicher ist, wer schon seinen 15., aber noch nicht seinen 18. Geburtstag gefeiert hat. Für Jugendliche, die noch der allgemeinen Schulpflicht von neun Jahren unterliegen, sind die Gesetze für Kinder verbindlich.
* Generell gilt: Die Beschäftigung von Kindern ist grundsätzlich verboten!

Glücklicherweise gibt es für jeden Fall auch eine entsprechende Ausnahme, also auch für dich, wenn du noch keine 15 Jahre alt bist. Infos bekommst du ebenfalls an den oben genannten Stellen. Lies auch genau auf den Seiten 49 bis 55 nach, was du darfst und was nicht.

Welcher Jobtyp bist du?

Wo stecken deine Stärken? Welche »Branche« stimmt mit deinen Eigenschaften, Vorlieben und Vorstellungen überein? Vermittelst du gerne deine Hilfe wie ein Makler? Arbeitest du lieber im Team wie ein Mitspieler? Oder willst du gleich in einem eigenen kleinen Unternehmen wie ein Manager den Ton angeben? Jetzt bist du dran. Die folgenden zehn Testfragen bringen auf den Punkt, welche Jobs zu dir passen. Beantworte sie möglichst spontan und natürlich ehrlich – nicht »das beste« Kreuzchen (bei A, B oder C) ist wichtig, sondern das Kreuzchen, das deinen Typ und deine Situation optimal trifft. Wahrscheinlich weißt du ja schon ein wenig, in welche Richtung es bei dir geht – vielleicht befindest du dich aber auch total auf dem Holzweg.

1 **Chaos! Du hast Hausaufgaben in Hülle und Fülle und weißt gar nicht, wo du anfangen sollst. Wie gehst du vor?**
A Ich setze mich erst einmal hin, sortiere in Ruhe meine Gedanken und lege dann los.
B Ich fange mit den Aufgaben an, die mir Spaß machen.
C Ich versuche zuerst die unangenehmen Aufgaben hinter mich zu bringen.

2 **Aus dem Märchenalter bist du zwar schon raus. Aber für welche Rolle würdest du dich bei einem witzigen Theaterstück entscheiden?**
A Froschkönig
B das tapfere Schneiderlein
C ein Zwerg aus Schneewittchen

3 **Welcher Aussage würdest du am ehesten zustimmen?**

A Schwierigkeiten müssen schnell aus der Welt geschafft werden.

B Aus Schwierigkeiten lässt sich immer was lernen.

C Schwierigkeiten sind da, um sie zu überbrücken.

4 **Puh! Eine stressige Arbeit oder Aufgabe ist geschafft. Und was passiert dann?**

A Schnell Freunde anrufen, um abzuchecken, was heute noch so läuft …

B Nichts wie raus! Frische Luft schnappen, Rad fahren, skaten, rollerbladen …

C Im Internet surfen, Zeitschriften durchblättern, fernsehen …

5 **Immer diese Krisen! Dein(e) Freund(in) hat Kummer mit den Eltern oder in der Schule. Versuchst du …**

A … zuerst mal zu trösten, sie/ihn abzulenken?

B … mit ihr/ihm zusammen eine Lösung zu finden?

C … ihr/ihm klar zu machen, dass die Suppe nicht so heiß gegessen, wie sie gekocht wird?

6 **Mir ist es ziemlich wichtig …**

A … besser zu sein als andere.

B … mit anderen gut auszukommen.

C … andere auch mal als Vorbild zu nehmen.

7 **An einer Arbeit oder Aufgabe finde ich gut …**

A … wenn mir immer neue Herausforderungen gestellt werden.

B … wenn ich sie mir möglichst selbst einteilen kann.

C … wenn ich dabei nicht im stillen Kämmerlein sitzen muss.

8 Grübel, grübel! Welches Trio an Eigenschaften trifft am ehesten auf dich zu? (Hier darfst du etwas länger überlegen.)

A schüchtern/sportlich/phantasievoll
B ehrgeizig/lässig/interessiert
C spontan/kontaktfreudig/zuverlässig

9 Wenn du ein kurzes Referat halten musst, dann ...

A ... genügen dir stichwortartige Notizen, weil du gut improvisieren kannst.
B ... formulierst du das meiste vor, um dein Thema gut rüberzubringen.
C ... schreibst du dir vor allem viele wichtige Facts auf.

10 Und jetzt zu deinem Kritzel-Code. Was hinterlässt du auf einem Blatt, auf dem du beim Quatschen am Telefon, beim Nachdenken oder aus Langeweile herumgeschmiert hast?

A Gesichter//Strichmännchen/Kreise
B Striche/Quadrate/grafische Muster
C Blumen/Tiere/Herzen

Auswertung

Kreise in der folgenden Tabelle deine angekreuzten Antworten ein und zähle dann alle markierten Punkte zusammen.

	A	B	C
1	6	4	2
2	2	6	4
3	4	2	6
4	4	2	6
5	2	4	6
6	6	4	2
7	6	2	4
8	2	6	4
9	4	2	6
10	4	6	2

20 bis 28 Punkte – Der Makler

Da du ein weiches Herz hast und andere gerne unterstützt, wo immer es geht, bist du als »Makler« deiner Hilfsbereitschaft bestimmt am besten bedient. Deine freundliche, ruhige und Vertrauen erweckende Art wirkt auch auf Fremde sofort positiv. Und da du fit und ein Naturfreak bist, macht es dir auch nichts aus, dich beim Jobben mal auszupowern, mit Kindern, Hunden oder auch solo viel frische Luft zu schnuppern.

30 bis 46 Punkte – Der Mitspieler

Wo Trubel herrscht, kommst du auf Touren. Und auch du bist wegen deines aufgeschlossenen, interessierten Wesens und deiner Art, spontan auf Leute zuzugehen, gern als Teamworker gesehen. Nichts bringt dich so schnell aus der Ruhe. Und du magst es, im Mittelpunkt zu stehen und mit Händen und Füßen zu agieren. Deshalb solltest du unbedingt als »Mitspieler« anheuern, wo du viel mit anderen Menschen zu tun hast.

48 bis 60 Punkte – Der Manager

Als ehrgeiziger Typ mit vielen Ideen und festen Zielen träumst du davon, irgendwann »groß rauszukommen« und es anderen zu zeigen. Das kannst du! Und zwar als »Manager« einer eigenen kleinen Firma. Du scheust kein Risiko und kommst auch gut mit Schwierigkeiten klar. Du kennst dich mit Computer & Co. gut aus und hast einfach den Biss, Karriere zu machen.

Alle Jobtipps auf den folgenden Seiten sind Beispiele und Ideen. Deiner eigenen Phantasie für mehr Kohle durch Arbeit sind natürlich keine Grenzen gesetzt. Du wirst sehen, dass die Welt der Arbeit durchaus bunt, aber manches Mal auch ganz schön anstrengend sein kann. Erkundige dich vorher wirklich genau, was du darfst, was du machen musst, und überlege dir, ob du so einen Job auch durchhältst.

NEBENJOBS FÜR MAKLER

Hundesitter

Als Hundesitter bist du immer auf Achse – beim Gassigehen mit den Hunden von all denen, die selber keine Zeit dazu haben. Vor allem Berufstätige schätzen es sehr, wenn sich ihre geliebten Vierbeiner wenigstens einmal am Tag so richtig austoben können. Tipp: Wenn du den Hund gut kennst und auch deine Eltern einverstanden sind, kannst du deine Dienste auch einmal für das komplette Wochenende anbieten. Da können die Hundebesitzer unbesorgt auf einen Wochenendausflug gehen und du verdienst das Doppelte.

Voraussetzungen
Erfahrung mit Hunden und Lust auf Outdoor, auch wenn das Wetter mal nicht so mitspielt.

Verdienst
Gezahlt werden zwischen 2,50 und 5 Euro pro Spaziergang.

Infos
Angebote für Hundesitter findest in den Kleinanzeigen der lokalen Presse oder am schwarzen Brett im Supermarkt. Dort solltest auch du einen Anschlag machen und deine Dienste anbieten. Vielleicht gibt es auch schon eine Hundesittervermittlung in deiner Stadt. Die steht dann im Telefonbuch.

Caddy/Balljunge

Egal ob auf dem Tennis- oder Golfplatz, schnelle Helfer und Frischluftfanatiker sind hier goldrichtig. Und während du auf dem Tennisplatz blitzschnell die verschlagenen Bälle einsammelst, schiebst du beim Golf den Golftrolly deines Spielers über den gepflegten Rasen. Ein Golfspiel geht entweder über 9 Löcher (ca. 3 km) oder 18 Löcher (ca. 6 km). Ein Tennismatch dauert in der Regel 45 Minuten.

Voraussetzungen
Du musst vor allem fit und fix sein. Ansonsten brauchst du in beiden Fällen Turnschuhe. Und da die meisten Golfclubs ganz schön spießig sind, sollte es dein Outfit auch sein.

Verdienst
Als Balljunge kannst du durchaus 4 bis 10 Euro pro Stunde bekommen. Auf dem Golfplatz liegt die Bezahlung sogar noch höher. Hier gibt es für eine große, also eine 18-Loch-Runde bis zu 25 Euro.

Infos
Eigeninitiative ist gefragt! An den Countern von Tennis- und Fitnesscentern sowie direkt bei den Golfclubs und -plätzen melden und deine Dienste anbieten. Dort wird meist eine Liste geführt.

Gartenhilfe

Arbeit gibt es im Garten immer – vom Rasenmähen übers Unkrautjäten, Laubrechen bis hin zum Gießen. Für Clevere: Biete deine Hilfe doch auch im Winter an, wenn es ums Schneeschippen geht.

Voraussetzungen

Du solltest Spaß an der Natur haben und Unkraut von Zierpflanzen unterscheiden können.

Verdienst

Je nachdem, was du genau tust, sind Stundenlöhne zwischen 2,50 und 7,50 Euro möglich.

Infos

Am besten bietest du deine Hilfe per Aushang im Supermarkt oder Gartencenter an. Wenn du besonderes Engagement an den Tag legen willst, verteile selbst Flyer, auf denen dein Angebot, dein Name sowie deine Telefonnummer stehen sollten.

Babysitter

Super easy, denn (wenn du Glück hast!) musst du nichts anderes machen, als die Kids ins Bett zu bringen (Gute-Nacht-Geschichte inklusive) und dann aufzupassen, dass sie nicht aufwachen und Angst bekommen. Und während die lieben Kleinen süß schlafen, kannst du dich vor die Glotze hocken und genüsslich Chips vertilgen. Klar kannst du aber auch nachmittags Kinder betreuen, mit ihnen herumtoben, in den Zoo oder auf den nächsten Spielplatz marschieren. Probiere erst in deinem Bekanntenkreis oder dem deiner Eltern aus, ob du mit Kindern klarkommst.

Voraussetzungen

Wenn du Kinder gerne magst und dich verantwortlich fühlst dafür, dass es ihnen auch gut geht, bist du perfekt für den Job.

Verdienst

Inzwischen werden für Babysitting durchaus Stundenlöhne von 5 und 7,50 Euro bezahlt. Achte immer darauf, dass du sicher nach Hause kommst. Wenn nötig, sollten dich deine Auftraggeber nach Hause fahren oder dir zusätzlich das Taxigeld geben.

Infos

Schwarze Bretter sind bestens für die Suche oder dein Angebot, als Babysitterin zu arbeiten, geeignet. Black Boards gibt es in Supermärkten, in Kindergärten, bei Kinderärzten, in Büchereien, in Sportvereinen oder in Musikschulen.

Zeitungen austragen

Regelmäßig ein- oder zweimal pro Woche verteilst du Zeitungen oder Werbepost in einem dir zugewiesenen Bereich. Super geeignet für Jobanfänger.

Voraussetzungen

Ein Fahrrad oder einen Bollerwagen solltest du schon haben, denn viel Papier ist richtig schwer.

Verdienst

Zwischen 4 und 6 Euro pro Stunde sollten schon drin sein.

Infos

Zeitungsausträger werden fast ausschließlich über regionale Zeitungen und Anzeigenblätter gesucht.

Bügelfee

Du ziehst dir nicht gleich Brandblasen zu, wenn du ein heißes Eisen anfasst? Ausgezeichnet, denn hier geht es nur ums Bügeln. Du bügelst entweder bei deinen Auftraggebern zu Hause oder du lässt dir die Wäsche anliefern. Sehr günstig ist es, wenn du in der Nähe eines Banken- oder Versicherungsviertels wohnst, denn dann kannst du natürlich auch – gegen entsprechenden Bonus – den Liefer- und Abholservice anbieten.

Voraussetzungen

Du brauchst ein Bügelbrett, ein gutes Bügeleisen, Spraystärke und natürlich ein wenig Geschick. Falls du den Job zu Hause erledigen willst, bitte doch deine Mutter, die ersten »Kundengespräche« mit dir zusammen zu machen. Sie kann deine Bügeltalente anpreisen und zögerlichen Kunden die Angst nehmen, dass du aus ihren Hemden Putzlappen fabrizierst.

Verdienst

Entweder lässt du dich pro Stunde mit ca. 6 Euro bezahlen oder – wenn du richtig fit bist – pro Wäschestück. Dabei kannst du ungefähr 1 bis 1,50 Euro pro Hemd ansetzen.

Infos

Sinnvoll ist es, wenn du einen Aushang im Supermarkt oder auf dem schwarzen Brett von geeigneten Firmen machst.

Nachhilfe

Fast schon ein Klassiker unter den Nebenjobs. Während deiner »Unterrichtsstunden« arbeitest du mit dem dir anvertrauten Sprössling fehlenden oder unverstandenen Lernstoff auf und übst mit ihm oder auch mal mehreren Schülern das bereits Gelernte.

Voraussetzungen

Die meisten Eltern wünschen sich Gymnasiasten ab Klassenstufe 10 als Nachhilfelehrer. Du musst in den Fächern, für die du Nachhilfe anbietest, richtig fit sein und Spaß an der Arbeit mit Kindern haben.

Verdienst

Nachhilfestunden werden in der Regel mit Stundenlöhnen zwischen 5 und 7,50 Euro vergütet.

Infos

Vom Anzeigenblatt über die Regionalpresse bis hin zum schwarzen Brett in Supermärkten und Schulen werden Nachhilfelehrer so ziemlich überall gesucht.

Tipp:
Biete zusätzlich noch allgemeine Hausaufgabenbetreuung an. Dabei ist es nur wichtig, darauf zu achten, dass die lieben Kleinen alle Aufgaben machen und mal fragen können, wenn etwas unklar ist.

NEBENJOBS FÜR MITSPIELER

Partyhilfe

Cateringfirmen liefern nicht nur die leckersten Speisen für Partys und Veranstaltungen, sie bieten auch einen Fullservice (das heißt: alles ist inbegriffen, vom Anliefern des Geschirrs und der Tische bis hin zu Servietten und Putzdienst am Schluss) für den reibungslosen Ablauf der Veranstaltung. In den mobilen Servicestationen gibt es die unterschiedlichsten Aufgaben für dich. Ob in der Garderobe, beim Service, beim Abräumen oder als Hilfe an der mobilen Bar, hier ist für jeden etwas dabei.

Voraussetzungen

Spaß am Umgang mit Menschen, die in Partylaune sind (Unterschätze das nicht!), und ein gepflegtes Äußeres.

Verdienst

Beim Cateringservice sind Stundenlöhne zwischen 5 und 9 Euro drin. Wer sich besonders einsetzt, kann speziell im Service noch ein paar Euro Trinkgeld nebenbei machen.

Infos

Hin und wieder findest du entsprechende Jobangebote in den lokalen Kleinanzeigen. Besser ist es aber, die Cateringfirmen direkt anzusprechen, die sich in großer Anzahl in Branchenbüchern und Gastronomieverzeichnissen finden lassen.

Interviewer

Du hast keine Probleme, Leute anzuquatschen? Und kannst dir vorstellen, ihnen auf den Zahn zu fühlen, sie nach Kaufverhalten oder nach den Marken und Klamotten zu fragen, die sie vielleicht gerade erstanden haben? Als Interviewer arbeitest du meist in Kaufhäusern, in Einkaufspassagen oder im Eingangsbereich der Supermärkte. Dort nimmst du die Antworten der von dir befragten Kunden entgegen und vermerkst sie auf einem Fragebogen. Viel schreiben musst du deshalb nicht, denn in der Regel sind die Fragen so ausgearbeitet, dass nur noch die Antwortvorgaben angekreuzt werden müssen.

Voraussetzungen
Ein gepflegtes Äußeres und ein bestimmtes Auftreten sind ein Muss. Du solltest sehr kontaktfreudig sein und dich von ein paar rüden Abweisungen nicht entmutigen lassen.

Verdienst
Der Stundenlohn für einen Interviewer liegt bei 6 bis 9 Euro pro Stunde.

Info
Marktstudien und Kundenbefragungen werden von Meinungsforschungsinstituten und Werbe- und Marketingagenturen durchgeführt. Interviewer werden überwiegend in den Kleinanzeigen der lokalen Presse gesucht. Allerdings steht einem Anruf bei den Marktforschungsinstituten in deiner Gegend nichts im Wege.

Casting-Assistent

Hier bist du die organisierende Kraft, die Künstler und Statisten nach bestimmten Kriterien aus oftmals riesigen Karteien aussucht und kontaktiert. Du arbeitest in einer Casting-Agentur, die für einen bestimmten Job wie künstlerische Darbietung auf Produktpräsentationen oder Messen, aber auch für Werbe- oder Spielfilme den Auftrag hat, bestimmte Künstler für ein Casting (Vorspielen) zusammenzustellen.

Voraussetzungen

Da du bei diesem Job viel Recherchearbeit zu leisten hast und jede Menge Telefonate führen musst, sollten dir diese beiden Punkte auf jeden Fall liegen. Notwendig ist auch, dass du mit einem PC umgehen kannst.

Verdienst

Toller Job, gute Bezahlung: Stundenlöhne von 6 bis 9 Euro.

Infos

Hier ist deine Eigeninitiative gefragt. Um an diesen Job zu kommen, musst du die Casting-Agenturen direkt ansprechen. Sicher bist du an Standorten wie Hamburg, Köln, Berlin oder München klar im Vorteil, denn hier sitzen die meisten Agenturen Deutschlands. Aber die Mühe kann sich lohnen: Denn vielleicht darfst du bei deinem Lieblingsstar aus einer Daily Soap anrufen und ihn oder sie für den nächsten Werbefilm zum Casting bitten.

Statist

Bei jeder Fernseh- und Filmproduktion werden Menschen im Hintergrund gebraucht, die für die realistische Darstellung von Situationen nötig sind. Damit ein Dreh ohne Zeitverzögerung über die Bühne geht, werden die Statisten zu einer bestimmten Uhrzeit bestellt. Unter Umständen kann es Stunden dauern, bis dann »deine Szene« gedreht wird. Und dann dauert der Dreh manchmal nur zehn Minuten. Was genau du bei deinem Dreh tun musst, sagt dir der Regisseur oder der Aufnahmeleiter.

Voraussetzungen

Keine. Statisten sollen ja die Wirklichkeit widerspiegeln. Diese gilt es, im Film wiederzugeben. Auch wenn du unter 18 Jahre alt bist, kannst du als Statist arbeiten. Dafür muss dein Jobgeber eine Genehmigung beim Gewerbeaufsichtsamt einreichen. Du brauchst auch die Genehmigung deiner Eltern, deines Hausarztes und deiner Schule.

Verdienst

Statisten bekommen eine Tagesgage um etwa 50 Euro – egal ob der Job zwei oder 12 Stunden dauert.

Infos

Statistenjobs werden über Casting-Agenturen vergeben. Auch das Arbeitsamt hat eine Abteilung – die Zentrale Bühnenvermittlung. Am sinnvollsten ist es, wenn du dir im Telefonbuch alle Casting-Agenturen raussuchst. Bei deinem Anruf dort wird man dir sagen, was du tun musst, um in die entsprechende Statistenkartei zu kommen. Infos per Internet: www.castingpartner.de.

Verkäufer

Ob in der Eisdiele, beim Bäcker um die Ecke, im Pizza-Imbiss, in der Drogerie, einer Boutique oder im Baumarkt – überall finden sich kleinere Verkaufstätigkeiten für dich.

Voraussetzungen

Auf jeden Fall solltest du Lust auf deinen Job haben, denn nichts ist schlimmer als gelangweilte Verkäufer. Ein gepflegtes Äußeres und ein Lächeln auf den Lippen, während du auf die Menschen zugehst, sollten für dich keine Hürde sein. Denn dann wird der Kunde deinen Rat befolgen oder noch ein zweites Stück Pizza ordern.

Verdienst

Im Verkauf sind Stundenlöhne von 5 bis 7,50 Euro realistisch. Achtung: Lass dich nicht auf eine leistungsbezogene Bezahlung mit einem geringeren Stundenlohn ein. Im Gegensatz dazu wären ein Bonus oder eine zusätzliche Verkaufsprovision nicht abzulehnen.

Infos

Jobangebote findest du in den lokalen Zeitschriften und Anzeigenblättern. Was dich nicht daran hindern sollte, einfach in deinem Wunschgeschäft vorbeizugehen und dich persönlich um einen Job zu bemühen.

NEBENJOBS FÜR MANAGER

Babysitter-Vermittlung

Das Babysitter-Vermittlungsbüro ist die konsequente Steigerung der »normalen« Babysitter-Dienste. Nur dass du nicht mehr selber die Kleinen hütest, sondern als Vermittler zwischen Eltern und babysitterwilligen Schülern arbeitest. Dazu führst du eine Kartei, in der du deine Kunden genau abchecken kannst und bei Anfragen sofort weißt, welcher Babysitter in welches Kinderzimmer passt.

Voraussetzungen

Du brauchst einen Computer, mit dem du über ein Excel-Programm deine Kundenkartei führst. Darin sollten neben Namen, Adressen und Telefonnummern auch die besonderen Wünsche der Eltern sowie der Babysitter verzeichnet sein. Alternativ könntest du deine Datenbank auch über kleine Karteikärtchen führen. Außerdem solltest du für Eltern und Babysitter telefonisch erreichbar sein.

Verdienst

Du kannst entweder pro Vermittlung eine pauschale Provision ausmachen – die eigentliche Bezahlung regeln Babysitter und Eltern dann unter sich. Oder du kassierst von jeder Arbeitsstunde einen Teil für dich. Hast du etwa einen Babysitter-Stundenlohn von 7,50 Euro ausgemacht, behältst du einen Euro für dich und zahlst an den Babysitter also nur 6,50 Euro.

Infos

Eltern suchen Babysitter häufig in der Tageszeitung. Du findest deine künftigen Kunden aber auch durch Aushänge in Kindergärten, Krabbelgruppen oder beim örtlichen Kinderarzt.

E-Musiklehrer

Mit Keyboard und Synthesizer spielend Geld machen! Super, denn neben den klassischen Klavierlehrern werden immer mehr Profis an modernen Musikinstrumenten gesucht. Wenn du nicht nur über Talent, sondern auch über solides Können bei elektrischen Musikinstrumenten verfügst, kannst du dein Taschengeld super mit privatem Musikunterricht aufbessern.

Voraussetzungen
Du brauchst ein Unterrichtsbuch des jeweiligen Musikinstrumentes, mehrere CDs, auf denen sich die zu lernenden Musikstücke befinden, und ein Notenbuch. Damit du auf deinen Unterricht immer gut vorbereitet bist, solltet du die Zeit dafür in deinem Stundenplan einkalkulieren. Natürlich solltest du dein Instrument besser beherrschen als deine Schüler.

Verdienst
Für privaten Musikunterricht ist es durchaus üblich, zwischen 12,50 und 25 Euro pro Stunde zu kassieren – je nachdem, wie gut du bist. Am besten lässt du dir das Geld jeweils direkt nach dem Unterricht zahlen.

Infos
Die meisten »Musiklehrer« finden ihre Kunden in der örtlichen Presse. Auch mit Aushängen im Supermarkt, in der Bücherei, der Schule, der Musikschule und im Sportverein lassen sich schnell und einfach Schüler finden. Und bist du ein guter Lehrer, spricht sich das meist schnell herum.

Info-Experte

Das Kapital eines Infoexperten sind seine Spürnase und seine exzellenten Internetkenntnisse. Suchmaschinen, Datenbanken, Bibliotheken, Archive und Online-Fachzeitschriften im Netz sind sein Revier. Deine Aufgabe ist es, deinem Auftraggeber die Informationen zu besorgen, die er benötigt. Kunden auf der Suche nach Infos im Internet findest du bei Chemie- und Pharmafirmen, bei Banken und Unternehmensberatern, in Redaktionen und Immobilienfirmen sowie bei Konsumgüterherstellern.

Voraussetzungen
Neben deinem Talent als virtueller Detektiv muss die Technik stimmen. Dazu gehören ein schneller Rechner mit ISDN- oder DSL-Karte, ein komfortabler Internetanschluss, ein CD-Brenner (um die gefundenen Daten auf CD-ROM brennen zu können) und Software wie Excel, Adobe etc. für das schnelle Surfen im Netz. Außerdem empfehlenswert: Real-, Flash- und Shockwave-Software.

Verdienst
Wer sein Geld wert ist und die gewünschten Infos fix besorgt, kann bis zu 25 Euro pro Stunde verdienen. Wichtig, dass du dir zusätzlich die Telefonkosten für deine Internet-Zeit vergüten lässt. Ganz einfach deshalb, weil Flat-Rates, also Pauschal-Preise, für den Internetzugang, zwar günstig sind, aber enorm lange Ladezeiten der Sites haben.

Infos
Wirkungsvoll ist eine Mailing-Aktion, um an Aufträge zu kommen. Super, wenn du in deinem Anschreiben auf deine Homepage verweisen könntest, auf der du dich vorstellst und natürlich – schön übersichtlich – deine Dienste ausführlich darstellst.

Kinder-Computerschule

Du machst schon den Kleinsten den Unterschied zwischen Bits und Bytes klar und zeigst ihnen spielerisch den Umgang mit Soft- und Hardware. Ziel ist der altersgerechte Umgang mit PC und Internet.

Voraussetzungen

Da du die Kinder an ihrem eigenen bzw. dem PC der Eltern unterrichtest, brauchst du nicht mal einen super Rechner. Wichtig ist allerdings, dass du dich mit angesagter Kinder-(Lern-)Software auskennst. Viele Infos dazu findest du im Internet, auf den Onlineseiten vieler Hersteller und im gut sortierten Buchhandel. Achte immer darauf, in welchem Alter sich deine Schüler befinden, und suche nur Spiele und Programme aus, die für die Altersgruppe empfohlen werden.

Verdienst

Vereinbare einen Stundenlohn zwischen 10 und 15 Euro und stelle klar, dass die Eltern die Software bezahlen.

Infos

Aushänge in der Schule, der Bücherei, im Kindergarten, im Sportverein und im Supermarkt, auf denen du deine Dienste anbietest. Ein Blick in die örtliche Presse kann dir ebenfalls geeignete »Kunden« bringen.

FERIENJOBS
'ne Stange Geld am Stück

Wenn du nicht auf *ständigen* Einsatz stehst, sondern lieber zwei oder drei Wochen für einen schönen Batzen Reingewinn rackerst, riecht das stark nach Ferienjob! Du hattest ja sowieso nicht vor, dich während der ganzen Ferien auf die faule Haut zu legen, oder? Und schließlich lassen sich ein schickes Fahrrad oder der Mofa-Führerschein nicht allein mit kleinen Nebenjobs aus dem Hut zaubern.

Möglichkeiten zum Jobben in den Ferien gibt es in vielen Bereichen: in Supermärkten, zur Erntezeit beim Bauern, in der Industrie oder einfach im Biergarten um die Ecke. Was du aber unbedingt wissen solltest: Obwohl es dabei meistens nur um ein paar Stunden Aushilfsarbeit geht, haben die ersten Schritte ins Arbeitsleben auch ihre Regeln und Gesetze! Und wenn du dazu noch die wesentlichen Bestimmungen in Sachen Finanzamt kennst, stolperst du in kein Fettnäpfchen und in keine Fallen und kannst das Verdiente sogar ohne Abzüge so richtig genießen.

So läuft der Hase rechtens

Unter 15 geht (fast) nichts
Das Jugendarbeitsschutzgesetz schreibt vor: Schulpflichtige Kinder, die ihren 15. Geburtstag noch nicht gefeiert haben, dürfen nur – wie auch während des restlichen Jahres – leichte Arbeiten ausführen wie Babysitten, Zeitungen austragen oder Botengänge erledigen. Außerdem benötigen sie die Einwilligung ihrer Erziehungsberechtigten, um überhaupt arbeiten zu dürfen.

Ab 15 kannst du loslegen

Schulpflichtige Kinder und Jugendliche, also all diejenigen, die ihre neun Pflichtschuljahre noch nicht absolviert haben, aber bereits 15 Jahre alt sind, dürfen in den Ferien arbeiten. Allerdings nur mit Zustimmung ihrer Erziehungsberechtigten, also in der Regel der Eltern.

Wo sind die Grenzen?

Auch die Dauer des Ferienjobs ist begrenzt: Solange du dich innerhalb der neun Pflichtschuljahre befindest, darfst du während der Schulferien höchstens insgesamt vier Wochen im Jahr arbeiten. Diese Zeiten müssen allerdings nicht an einem Stück abgeackert werden. Du könntest beispielsweise eine Woche in den Osterferien, zwei Wochen in den Sommerferien und noch eine Woche in den Herbstferien jobben – Hauptsache du übersteigst die Vier-Wochen-Grenze nicht.

Bist du aber mindestens 15 Jahre alt und hast deine neun Pflichtschuljahre bereits absolviert, schränkt das Jugendarbeitsschutzgesetz deinen Wunsch nach einem Ferienjob nicht mehr ein. Dem Gesetz nach bist du nun ein richtiger Jugendlicher und damit in

der Lage, mehr als vier Wochen pro Jahr in den Schulferien zu arbeiten. Das Älterwerden lohnt sich doch – finanziell gesehen – tatsächlich. Versteht sich, dass du trotzdem noch genügend Zeit für Freizeit und Erholung sicherstellen musst – auch das sagt das Gesetz ganz deutlich.

Wie lange darf gearbeitet werden?

Für 15- bis 18-Jährige gilt die Fünf-Tage-Woche bei einer täglichen Arbeitszeit von acht Stunden und einer Ruhepause von mindestens einer Stunde. Vor 6 Uhr morgens darfst du auf keinen Fall mit dem Arbeiten anfangen, nach 20 Uhr hast du in der Firma nichts mehr zu suchen. Da ist definitiv Feierabend. Pausen sollten spätestens nach 4,5 Stunden eingelegt werden und müssen mindestens 15 Minuten lang sein. An Sonn- und Feiertagen dürfen Jugendliche nicht arbeiten; auch Nachtschichten sind für sie tabu. Ausnahmen bestätigen die Regel – und die gibt es bei Jobs in der Landwirtschaft, im Gaststättenwesen und beim Gesundheitsdienst.

Was geht auf keinen Fall?

Grundsätzlich dürfen Jugendliche nur leichte Tätigkeiten ausüben, manche Jobs sind sogar ausdrücklich per Gesetz verboten. Für dich gilt:

* keine gefährlichen Arbeiten (z.B. Umgang mit Gefahrstoffen, Arbeiten in engen Räumen)
  Zischende, qualmende oder knallige Experimente sollten Schüler lieber dem Chemielehrer in der Schule überlassen.
* keine Schweiß-, Schneid- oder ähnliche Feuerarbeiten
  Die Gefahr von Verletzungen oder eines größeren Brandes ist viel zu groß.
* keine Arbeiten in Kühl- oder Nassräumen, zum Beispiel in Brauereien oder Schlachthöfen
  Du willst ja nicht im Anschluss an den Ferienjob mit Schnupfen oder Blasenentzündung im Bett liegen.

✳ keine Akkord- oder tempoabhängige Arbeit
Fünfhundert Schrauben pro Stunde von irgendwelchen Motorverkleidungen zu lösen, ist Ungeübten gegenüber einfach unfair. Jugendliche können Normen noch nicht einschätzen und da ist die Gefahr der Ausbeutung viel zu groß.

✳ keine Sicherungsarbeiten
Am Ende verlangt noch jemand, dass du einen Geldtransporter überwachst.

✳ keine Arbeiten in medizinischen Einrichtungen mit erhöhter Infektionsgefahr
Krankheitskeime schwirren hier viel zu viele herum und die mit nach Hause zu nehmen, ist nun wirklich nicht Sinn der Übung »Helfen«.

✳ keine Arbeiten an Tankstellen
Tankstellen sind nun wirklich Sache der Erwachsenen. Da kommst du im späteren Leben noch oft genug hin.

✳ Vorsicht beim Heben und Tragen: Mädchen dürfen nicht mehr als zehn Kilogramm, Jungs nicht mehr als 20 Kilogramm heben beziehungsweise tragen.

Auch wenn du meinst, du könntest locker mehr heben: Es ist gut so, dass das verboten ist, immerhin wirst auch du mal älter und solche Geschichten rächen sich dann.

Nicht alles deins!

Toll, wenn es beim Ferien-job gut geklappt hat. Traurig, wenn dir der Staat auf deinem Lohnstreifen einen Teil der Kohle für Beiträge zur Sozial-versicherung abgeknöpft hat. Hier könntest du doch echt mal Mitge-fühl für deine Eltern entwickeln, weil die sich allmonatlich über das Abgezogene auf ihrer Gehaltsliste ärgern. Beiträge zur Sozialversi-cherung musst du unter bestimmten Voraussetzun-gen aber gar nicht zahlen. Denn für Schülerinnen und Schüler gelten noch günstige Regelungen:

Du musst keine Beiträge zur **Arbeitslosenversicherung** zahlen, da du nicht »arbeitslos« werden kannst, weil du ja »hauptberuflich« zur Schule gehst.

Du musst keine Beiträge zur **Kranken-, Pflege- und Rentenversicherung** zahlen, wenn dein Ferienjob von vornherein zeitlich befristet ist und du nicht mehr als zwei Monate oder 50 Tage pro Jahr in den Ferien arbeitest, das wäre ja ohnehin nicht erlaubt.

Das heißt auch, dass du weiterhin bei deinen Eltern **krankenversichert** bist. Bleiben also deine Ferienjobs innerhalb dieser Regelungen, spielt auch die Höhe deines Verdienstes keine Rolle. Du musst keine So-zialabgaben zahlen!

Schlau sein bei der Steuer

Leider klopft auch bei dir das Finanzamt an die Tür!
Denn auch Ferienjobs unterliegen grundsätzlich dem
Lohn- und Kirchensteuerabzug. Einzige Ausnahme:
die so genannte geringfügige Beschäftigung. Das
heißt: Wenn du mit deinem Ferienjob 315 Euro oder
weniger im Monat verdienst, kriegst du das ganze
Verdiente ohne Steuerabzüge ausgezahlt. Dazu
musst du allerdings zu deinem zuständigen Finanzamt stapfen und einen »Antrag auf Freistellung von
der Steuerpflicht« stellen.

Willst du mehr Geld machen, brauchst du eine Lohn-
steuerkarte. Die gibt es bei der örtlichen Gemeinde-
verwaltung oder im Rathaus. Über diese Lohnsteuer-
karte führt dein Arbeitgeber die anfallenden Steuern
an das Finanzamt ab. Aber dieses Geld ist noch nicht
verloren. Denn am Ende des Jahres kannst du unter
Umständen mithilfe eines Lohnsteuerjahresaus-
gleichs die einbehaltene Lohn- und Kirchensteuer
sowie den Solidaritätszuschlag
vom Finanzamt zurückfor-
dern. Den dafür notwendi-
gen Antrag gibt es auch
beim Finanzamt. Hier
kannst du dich dann
mit deinen Eltern kurz-
schließen, die sich garantiert alljährlich mit der
Steuererklärung
befassen.

FERIENJOBS IM INLAND

Nachdem du jetzt jede Menge Fleißarbeit gemacht hast und über ein umfangreiches Wissen in Sachen Rechte, Pflichten und Möglichkeiten verfügst, musst du dir nur noch den richtigen Ferienjob herausfischen. Egal ob im In- oder Ausland: Auf den folgenden Seiten findest du eine Auswahl möglicher Jobs! Und noch ein Hinweis, der auch für alle Jobideen auf den anderen Seiten gilt: Auch wenn hier meistens von »-ern« die Rede ist, so gilt das immer auch für die »-innen«, also die Mädels.

Bauhelfer

Das ständige Rumhocken in der Schule geht dir mächtig auf den Keks? Du hast ein tierisches Bedürfnis nach Bewegung? Dann sei schlau und geh zum Bau. Denn dort herrscht im Sommer Hochkonjunktur. Arbeitswillige Jungs sind hier super willkommen. Ob bei Innenausbau, Neubau oder Abbrucharbeiten, fleißige Helfer werden hier immer gebraucht.

Was musst du tun?
Üblicherweise werden Bauhelfer für Aufräum- und Abbrucharbeiten, für allgemeine Botendienste, zum Herrichten von Baumaterialien wie Zementmischen und für Handreichungen der Gesellen benötigt.

Was gibt's dafür?
Natürlich variieren die Stundenlöhne, aber branchenüblich werden zwischen 6 und 8 Euro gezahlt. Das Gute hier: Wenn du einen super Job gemacht hast und deinen Bauleiter oder Polier von deinen Fähigkeiten überzeugen konntest, kannst du am Ende vielleicht sogar noch eine Prämie kassieren.

Wo findest du den Job?

Bauhelfer werden häufig über die Jobvermittlung des Arbeitsamtes geholt. Aber auch in der Tageszeitung oder in Anzeigenblättern kannst du auf Jobangebote stoßen. Am erfolgreichsten bist du, wenn du dir Baufirmen einfach aus dem Telefonbuch heraussuchst und dich selbst um einen Job bewirbst. Meist reicht dazu schon ein Telefonat.

Postbote

Aufstehen, wenn andere noch pennen, ist für dich kein Problem? Du siehst gern die Sonne aufgehen und bist bereits bei Tagesanbruch topfit? Dann nichts wie ab zur Post. Denn da sind fleißige Frühaufsteher am richtigen Platz. Und egal, ob du die Briefe sortierst oder verteilst, ein frühes Arbeitsende ist dir in beiden Fällen sicher – und somit noch eine Menge Zeit für Ferienspaß mit deinen Freunden.

Was musst du tun?

Wenn du im Postsortierdienst bist, besteht deine Aufgabe im Verteilen der Briefe auf die jeweiligen Zustellbereiche. Das geschieht in kleineren Gemeinden per Hand, in großen Postfilialen per Maschine. Als Briefzusteller verteilst du die dir zusortierten Briefe.

Internetadressen für deine Jobsuche:
www.pferdejob.de
www.ferienjobs4you.de
www.schuelerjobs.de
www.wanderjahre.de
www.jugendnetz.de

Schon an später gedacht?

Falls du bereits eine genauere Vorstellung von deinem zukünftigen Beruf hast, dann versuche doch, in einer entsprechenden Firma einen Ferienjob zu ergattern. Neben dem Geld, das du dir verdienst, kannst du dort in deinen Wunschberuf hineinschnuppern – und vielleicht schon einige Kontakte knüpfen!

Glaubhaft beweisen!

Auf Grund der frühen Anfangszeiten nimmt die Post häufig nur Jobber über 18. Wenn du den Leuten aber klar machst, dass du nicht aus Zucker bist und mit dem Fahrrad oder Mofa frühmorgens unkompliziert antreten kannst, hast du trotzdem Chancen. Probieren!

Was gibt's dafür?

Die Deutsche Post zahlt einen festen Stundenlohn, der sich allerdings – je nach Gewerkschaftsverhandlungen – verändern kann. Derzeit liegt der Stundensatz bei 8,50 Euro.

Wo findest du den Job?

Natürlich bei deiner Postfiliale. Falls die allerdings schon genügend Jobber haben, wende dich einfach an die nächste Poststelle im Nachbarbezirk oder -ort.

Pensionshelfer

Du findest es genial, Gäste zu bewirten und wie eine gute Fee andere Menschen zu umsorgen? Du spielst gern Frau oder Herr Holle und schüttelst die Betten? Dann bist du die perfekte Goldmarie als Aushilfe in Hotels oder Pensionen! Denn gerade in Ferienzeiten herrscht dort Hochsaison. Fleißige Bienen sind hier sehr beliebt.

Was musst du tun?

Je größer der Laden ist, umso zahlreicher sind die Möglichkeiten! Während in kleineren Pensionen häufig nur Zimmermädchen gesucht werden, kannst du in größeren Hotels auch in der Küche, im Restaurant, an der Bar, der Rezeption oder – bei Ferienhotels – auch in der Kinderbetreuung tätig werden.

Was gibt's dafür?

Natürlich ist auch bei der Bezahlung nicht unerheblich, was für einen Job du ausübst. Während du in einer kleineren Pension etwa 200 Euro pro Monat (plus Essen und Übernachtung oder alternativ Fahrgeldersatz) bekommst, kannst du in großen Hotels auch mal 300 Euro im Monat herausholen.

Wo findest du den Job?

Mit etwas Glück klappt es schon in der Suchmaschine des Arbeitsamtes. Wenn nicht, solltest du unbedingt im Internet weiterforschen! Denn hier gibt es einige gute Seiten zum Thema Ferienjobs (siehe Seite 56). Wenn du bereits weißt, in welche Gegend du genau willst, kannst du auch über den Tourismusverband dein Glück versuchen.

Urlaubsjob

Prima an diesem Job ist, dass du in fast allen Gegenden Deutschlands als Pensionshelfer jobben kannst. Und während deine Freunde viel Geld ausgeben, um auf Sylt oder am Starnberger See die Puppen tanzen zu lassen, verdienst du dir diesen Urlaub quasi nebenbei!

Beachworker

Du stehst total auf Sonne, Strand und Wasser? Deine Power und dein aufgeschlossenes, hilfsbereites Wesen sind preisverdächtig? Dann könnte Beachworker ideal zu dir passen. Denn wenn Horden von Urlaubern an Deutschlands Strände ziehen, sind »Strandarbeiter« gesucht wie Sand am Meer.

Was musst du tun?

In erster Linie bist du dazu da, dass am Strand alles ruhig und friedlich abläuft – wenn sich Krisenstimmung abzeichnet, weil Strandbesucher in das »Planquadrat« anderer Leute eindringen oder wenn beispielsweise Sandburgenbauer beginnen, mit Stacheldraht zu arbeiten. Ansonsten wirst du in erster Linie gelöchert – nach dem nächsten stillen Örtchen, der Eisdiele, dem Supermarkt. Hin und wieder wird von dir erwartet, dass du dich auch ein wenig um die lieben Kleinen kümmerst. Auf jeden Fall brauchst du einen Erste-Hilfe-Schein. Kurse kannst du beim Roten Kreuz absolvieren – eine Investition, die sich immer lohnt.

Was gibt's dafür?

Super bezahlt ist dieser Job leider nicht. In der Regel werden zwischen 5 und 6 Euro in der Stunde geboten. Dafür hast du einen wirklich lässigen Job. Und wer kann schon beim Arbeiten so schön braun werden?!

Wo findest du den Job?

Glanz klar, natürlich überall dort, wo es Wasser und Strände gibt. Deshalb wendest du dich an die Fremdenverkehrsämter der jeweiligen Seebäder wie beispielsweise Usedom, Westerland/Sylt oder Sankt Peter Ording.

Erntehelfer

Die freie Natur ist alles für dich? Körperliche Arbeit bereichert deinen Tag? Mücken und Bremsen stehen überhaupt nicht auf dein Blut? Dann findest du nichts Besseres als einen Job in der Landwirtschaft. Denn dort sind Aushilfen herzlich willkommen. Und die Bauern werden erfreut sein, einen willigen Helfer für ihre Spargel-, Erdbeer- und Apfelernte oder Weinlese gefunden zu haben.

Was musst du tun?

Fitness vorausgesetzt, sollte dir auch bei sengender Hitze oder kübelartigem Regen nicht die Lust vergehen. Denn auf deinem Tagesplan stehen Obst pflücken und Gemüse ernten. Egal, welches Wetter Petrus sich ausgedacht hat.

Was gibt's dafür?

Dieser Job ist nichts für Millionärsanwärter. Naturliebende Individualisten werden den Stundenlohn von bis zu 5,50 Euro aber okay finden. Denn hier zählt mehr die Bereitschaft helfen zu wollen. Außerdem erhältst du freie Unterkunft und Verpflegung. Und glaube es, du hast zum Mittagessen seit langem nicht mehr solchen Kohldampf geschoben.

Vorsicht, Falle!

Finger weg von Angeboten der Kategorie »In einem Monat zum Großverdiener« oder »1000 Euro in einer Woche ohne Vorkenntnisse«! Keine Firma der Welt hat Geld zu verschenken. Vorsicht ist auch bei Jobs geboten, bei denen man Geld nur auf Provisionsbasis verdienen kann. Auf keinen Fall solltest du irgendwelche finanziellen Vorleistungen erbringen, also beispielsweise Geld für Waren zahlen, die du dann verkaufen sollst. Entdeckst du ein Jobangebot einer völlig unbekannten Firma, frage genau nach, was dahinter steckt. Und sei besonders vorsichtig, wenn die Firma nur ein Postfach oder eine E-Mail-Adresse hat! Jede seriöse Company hat einen Namen, eine Anschrift sowie Telefon- und Faxnummer.

Wo findest du den Job?

Es gibt zahlreiche Landwirtschaftskammern und -verbände, die genau wissen, auf welchem Hof jemand gesucht wird. Erntejobs werden auch über die Jobvermittlung des Arbeitsamtes vergeben. Ansonsten frage doch einfach mal bei den Bauern in deiner Nähe, ob sie dich brauchen können.

Verkaufshilfe

Du magst viel Kontakt zu Menschen, sagst sofort ja, wenn es darum geht, anderen Service zu bieten? Du bist ein Meister im Umgang mit Geld und machst nichts lieber, als Leute zu beraten? Dann solltest du deine nächsten Ferien auf jeden Fall in einer schicken Boutique, einem Supermarkt oder in einer leckeren Eisdiele verbringen. Dort freut sich jeder über freundliche Unterstützung im Verkauf.

Was musst du tun?

Je nachdem, in welchem Laden du anheuerst, liegen die Arbeitsschwerpunkte entweder in der Kundenberatung wie in einer Boutique, in der Verkaufsunterstützung wie in einer Eisdiele oder im Regale auffüllen wie im Supermarkt.

Was gibt's dafür?

Dein persönliches Verhandlungsgeschick ist hier gefragt, denn einheitliche Stundenlöhne für Verkaufshilfen gibt es nicht. Allerdings solltest du nicht für weniger als 5 Euro pro Stunde arbeiten. Und vielleicht kannst du ja sogar eine Prämie aushandeln, falls dein Verkaufsgeschick grandios ist.

Wo findest du den Job?

Sicher ist es sinnvoll, die örtlichen Zeitungen und Anzeiger zu studieren, wo häufig Verkaufshilfen gesucht werden. Auch auf Aushänge in Supermärkten und Boutiquen solltest du achten. Erfolg kannst du aber auch haben, wenn du einfach in deinem Wunschgeschäft nachfragst. Das zeigt auch, dass du keine Scheu hast und gut auf Menschen zugehen kannst.

61

FERIENJOBS IM AUSLAND

Wenn dich häufig das Fernweh packt, dir aber das nötige Kleingeld für längere Reisen fehlt, solltest du mal über einen Ferienjob in einem fremden Land nachdenken. Und wenn du jetzt glaubst, da werden nur Kinderbetreuer und Erntehelfer gesucht, wirst du überrascht sein. Das Angebot an Jobs und auch die Auswahl an Ländern sind inzwischen riesig groß!

Du brauchst nur noch Abenteuergeist, die Erlaubnis deiner Eltern und vielleicht eine gute Freundin oder einen klasse Kumpel, mit der/dem du zusammen auf Tour gehst. Sei jetzt nicht frustriert, wenn du unter 16 oder 18 bist und keine Chance hast, das Okay für eine Reise ohne Familie zu bekommen – träum einfach schon mal davon und heb's dir für später auf. Oder: Nimm deine Eltern einfach mit und ihr arbeitet gemeinsam.

Farmhelfer

Hast du ein Feeling für »Ferien auf dem Bauernhof«? Willst du auf dem Feld oder bei der Versorgung von Tieren mithelfen und meckerst du auch nicht, wenn du jeden Tag frühmorgens aus den Federn musst? Dann ist vielleicht ein Ferienjob in einem landwirtschaftlichen Bio-Betrieb in Österreich, der Schweiz, Dänemark, Finnland, Irland, Ungarn, Italien, Holland, Norwegen, Schweden ... etwas für dich.

Was musst du tun?

Je nach Art des Bio-Hofs oder der Farm wirst du als Erntehelfer, in Gemüsegärten oder in Ställen beschäftigt. Versteht sich, dass du mit Engagement an die Arbeit gehst und dich für den biologischen Landbau interessierst.

Was gibt's dafür?

Der Lohn kann je nach Land sehr verschieden sein. Mal werden zwischen drei und fünf Euro pro Stunde, mal ein wöchentliches Taschengeld gezahlt. In jedem Fall sind freie und leckere landestypische Kost sowie Unterkunft dabei.

Wo findest du den Job?

Über die Internationale Vereinigung biologischer Landbaubewegungen, IFOAM, bekommst du Adressen von Bio-Höfen und Bio-Farmen in Europa und auch in Australien, Kanada und Neuseeland, bei denen du dich dann direkt bewerben kannst. Die Adresse in Deutschland: IFOAM, Generalsekretariat c/o Ökozentrum Imsbach, 66636 Tholey-Theley, Fax 0 68 53/3 01 10.

JOBBEN IN DEN USA

Ob in Freizeitparks oder auf Farmen und Ranches, auch in Übersee gibt's jede Menge Ferienjobs für Reiselustige. Nähere Infos über Einsatzorte und Bezahlung bekommst du bei den nebenstehenden Adressen. Hier ein kleine Auswahl an US-Jobs:

Hier wirst du fündig:

Viele Jobs in Amerika gibt's in dem Handbuch »Ferienjobs USA mit Kanada«, Verlag Interconnections, oder im Internet unter:
www.campusa.de
www.campcounselors.com
www.gijk.de
www.councilexchanges.org
www.interexchange.org
www.workexperinceusa.com
www.bunac.org.uk
www.campamerica.co.uk

Camp Counselor

Du stehst Kindern in Feriencamps mit Rat und Tat zur Seite, veranstaltest Spiel- und Sportwettbewerbe, machst Spaziergänge und Ausflüge. Dazu musst du natürlich ganz gut Englisch sprechen und prima mit Kindern umgehen können. Die Jobs dauern meistens zwischen sechs und neun Wochen. Frage nach, ob du auch für vier Wochen wegen deiner begrenzten Ferien kommen darfst.

Riding Assistant

Ein Hit für Pferde- und Reitfans! Du hilfst auf Ferien-Ranches bei der Pferdepflege, gibst Kindern und Jugendlichen Tipps im Umgang mit den Tieren, unterrichtest sie im Reiten und machst Ausflüge. Auch hier arbeitest du in Ferienzeiten.

EXOTISCHE FERIENJOBS

Ab nach Ecuador! Falls du schon immer mal nach Südamerika wolltest, ist das *die* Gelegenheit. Zwar verdienst du hier kein großes Geld, dafür hast du aber die Möglichkeit das Land kennen zu lernen.

Arbeit in der Bed & Breakfast-Pension und im Reisebüro in Quito

Du musst vier Stunden pro Tag (Montag bis Samstag) im Austausch gegen freie Unterkunft und Verpflegung arbeiten. Der Rest des Tages steht zur freien Verfügung, z.B. zum Spanischlernen oder für andere Unternehmungen. Als Assistent auf den Touren wirst du von vielen interessanten Erfahrungen auf Trab gehalten.

Jobdauer: mindestens ein Monat

Website-Übersetzung

Du hilfst beim Übersetzen der Reisebüro-Website aus dem Englischen ins Deutsche und beim Aktualisieren der Inhalte. Alle anderen Ideen zur Verbesserung der Site sind ebenfalls hochwillkommen. Du arbeitest 24 Stunden pro Woche – gegen freie Unterkunft und Verpflegung und kostenlose Teilnahme an den Touren. Und wenn dich das Heimweh plagt, kannst du ganz nebenbei (und kostenfrei) eine E-Mail in die ferne Heimat schicken.

Jobdauer: mindestens zwei Wochen

Arbeit auf dem Ferienhof Kolibri im Pululahua-Krater

Das ist etwas für Leute, die gerne in der freien Natur arbeiten. Jeden Morgen wird fünf Stunden im Biogarten und im Farmhaus gewerkelt. Nachmittags kannst du vom Pferderücken aus, per Mountainbike oder zu Fuß die Umgebung erforschen – und am Wochenende auf zweitägige Erkundungsausflüge durch dieses wunderschöne Naturreservat gehen.

Jobdauer: mindestens eine Woche

Kontakt: Erich Lehenbauer,
Mosquera Narvaez Oe 5 – 12 y Carvaial,
Quito, Ecuador
Phone: (00 593 2) 230 194
Fax: (00 593 2) 224 393
E-mail: erich@ecuador-travel.net
e_lehenbauer@hotmail.com

DAS KANNST DU DIR SPAREN

Mit System zum Finanzkönig

Zu dumm
und schade eigentlich,
wenn dein Geld ständig auf
Schleuderkurs fährt. Immerhin hast
du teilweise hart dafür gearbeitet.
Viel Geld scheffeln ist jedoch längst
nicht die ganze Kunst – erst wenn du
gekonnt mit dem Verdienten und Ein-
genommenen umgehen kannst, wirst
du zum echten Finanzkönig!

VOM PLANSPIEL ZUM ERNSTPLAN

Finanzkönig sein ist keine Kleinigkeit, denn die Verlockungen sind riesig. Du weißt es ja selber: Klimpert das Geld erst einmal in der Tasche, kreisen bei dir auch schon die tollsten Wünsche im Kopf herum: vielleicht ein neuer CD-Player – der viel besser aussieht als dein alter, oder die megacoole Designer-Lederjacke – die dir – und nur dir! – so super steht, eventuell auch so ein cooles Snowboard wie Benno aus deiner Clique – mit dem du die heißesten Cruisings auf der Piste hinlegen kannst.

Nichts gegen Träume, aber sie dir selber zu erfüllen, heißt, nicht kopflos, sondern mit Köpfchen und Konzepten an deine Geldgeschäfte ranzugehen. Dazu gehört im ersten Schritt ein Ausgabenplan, damit du genau weißt, wo das Geld hingeht. Finanzexperten sagen »Controlling« dazu und meinen im Klartext: totale Überwachung. Wer hat das schon gern? Deine Moneten auch nicht, aber sie können sich nicht wehren, weil du bestimmst, was mit ihnen passiert.

Im zweiten Schritt brauchst du einen Budgetplan, übersetzt heißt das Haushaltsplan, der deine Ein- und Ausgaben beinhaltet. Eine solche Planung und Übersicht hilft dir, das Beste aus deinen finanziellen Mitteln zu machen. Steht ein Sonderwunsch, zum Beispiel eine Reise, das besagte Snowboard oder eine andere größere Anschaffung an, baust du in den Budgetplan gleich einen Investitionsplan mit ein und schaust, wo du überall ein paar Euro für deine Träume abzwacken kannst. Alle weiteren Schritte in Sachen

Sparen ergeben sich logischerweise aus deinen Ausgaben. Diese kannst du durch Tricks und mit etwas Originalität locker kürzen. Und jetzt geht's Schritt für Schritt an die Schulung zur Rettung der Mäuse.

Plan A:
Wo bleiben die Piepen?

Kontrolle ist allemal besser, als am Ende des Monats mit leeren Taschen dazustehen und nicht mal zu wissen, wie das bei allem guten Willen (schon wieder) passieren konnte! Das klingt vielleicht hart, ist aber eigentlich ein Kinderspiel und hilft dir schon mal mächtig, mehr auf dein Geld zu schauen und es nicht sinnlos unters Volk zu schleudern. Ganz einfach schon deshalb, weil du dir den Griff in den Geldbeutel tatsächlich zweimal überlegst, sobald du alle deine Ausgaben aufschreibst und schwarz auf weiß vor dir hast – wetten ...?!

Leg dir also als Erstes ein kleines Buch oder einen Block als ständigen Begleiter zu und notiere Tag für Tag und Woche für Woche ganz genau, was du wofür ausgibst. Als Alternative kannst du die Tages- und Wochenausgaben auch auf einzelne Blätter schreiben, zu Hause in einen Ordner heften oder in ein PC-Programm eintragen. Ein »Controlling«, das sich bereits in kürzester Zeit lohnt. Denn wie große Firmen auch, wirst du vom Start weg den Ehrgeiz entwickeln, positive Ergebnisse zu erzielen.

Beispiel für einen Tagesplan

Datum: 7.1.		
Bereich	Einzelbetrag	Gesamt
Essen/Trinken	0,60 €; 2,15 €	2,75 €
Hobby(s)/Sport		-
Klamotten	8,90 €; 6 €	14,90 €
Bücher, Videos, CDs		-
Eintritt (Disco, Kino, Konzert)		-
Pflege & Beauty	1,90 €	1,90 €
Fahrtkosten		-
Schule	0,90 €	0,90 €
Handy/Telefon		-
Sonstiges		-
Gesamt		20,45 €

Ganz unter uns

Mit ungenauen Abrechnungen nach dem Motto: »ach die paar Cents ...« beschummelst du nur dich selbst und keinen anderen! Denn bereits 49 Cents am Tag summieren sich im Monat auf 14,70 Euro und im Jahr auf satte 178,85 Euro. Unter diesem Gesichtspunkt gewinnen auch die »läppischen Beträge hinter dem Komma« eine sagenhafte Bedeutung, nicht wahr?!

Beispiel für einen Wochenplan

Woche: 7. – 13.1.	7.1.	8.1.	9.1.	10.1.	11.1.	12.1.	13.1.	Gesamt
Essen/Trinken	2,75 €	1,20 €		2,10 €	0,60 €	4,00 €		10,65 €
Hobby								-
Klamotten	14,90 €							14,90 €
Bücher/Video/Spiele ...					10,00 €			10,00 €
Eintritt						4,00 €		4,00 €
Beauty	1,90 €				2,49 €			4,39 €
Fahrtkosten						1,90 €		1,90 €
Schule	0,90 €			1,20 €				2,10 €
Handy/Telefon								-
Sonstiges					3,98 €			3,98 €
Gesamt	20,45 €	1,20 €	-	3,30 €	17,07 €	9,90 €	-	51,92 €

Nimm diesen Tages- und Wochenplan als Vorlage und füge weitere Punkte hinzu, die für dich wichtig sind. Zähle die Ausgaben täglich und einmal in der Woche zusammen.

Bleibe konsequent dran an deiner Buchführung und ziehe nach vier bis sechs Wochen Bilanz:

❋ Verschwindet mehr als ein Drittel der Kohle für Klamotten und Schulmaterialien, hast du vermutlich bei den Taschengeld-Tarifverhandlungen geschlafen! Neue Turnschuhe und die Tuschepatronen für den Hausaufsatz auf dem PC gehören nur zum Teil oder gar nicht in deine ganz privaten Ausgaben – es sei denn, du hast das mit deinen Eltern so vereinbart. Du solltest dir also schleunigst einen Taschengeldtermin bei den Eltern geben lassen – und natürlich die Spartipps auf den Seiten 84 bis 87 weiterlesen!

❋ Machen mehr als 50 Prozent des Geldes im Musikmarkt, in Zeitschriften- und Buchläden die Biege, bist du ganz schön von gestern. Bestimmt hast du schon mal was von Audiotheken oder Tauschbörsen unter Freunden gehört, oder? Suche dir schnell auf der Seite 81 die Lösungen, die wesentlich kleinere Löcher in deinen Geldbeutel reißen!

❋ Wandern mehr als ein Drittel der Scheine und Münzen für Wimperntusche, Make-up und Rouge in den Drogeriemarkt? Schön und gut, wenn es

Spaß macht – aber auch da gibt es Tricks und Tipps (Seite 87), wie frau sich spielend leicht ein paar Tiegel und Tübchen sparen kann!

✳ Selbst Fahrtkosten und zu viele Ausgaben für Eintrittskarten lassen sich durch Gemeinschaftssinn senken, wenn du mal bei »Tipps unter Freunden …« (Seite 82) nachliest.

✳ Dass du dir mit mehr als der Hälfte deines Geldes sozusagen »den Mund voll stopfst«, ordnet dich zwar in das durchschnittliche Ausgabeverhalten aller Teenager ein, aber mal ehrlich: Sooo viel Süßes – muss das sein?! Und vielleicht kannst du zum Thema Kostgeld ja auch mit deinen Eltern noch Kompromisse schließen.

Dafür geben andere ihr (Taschen-)Geld aus!

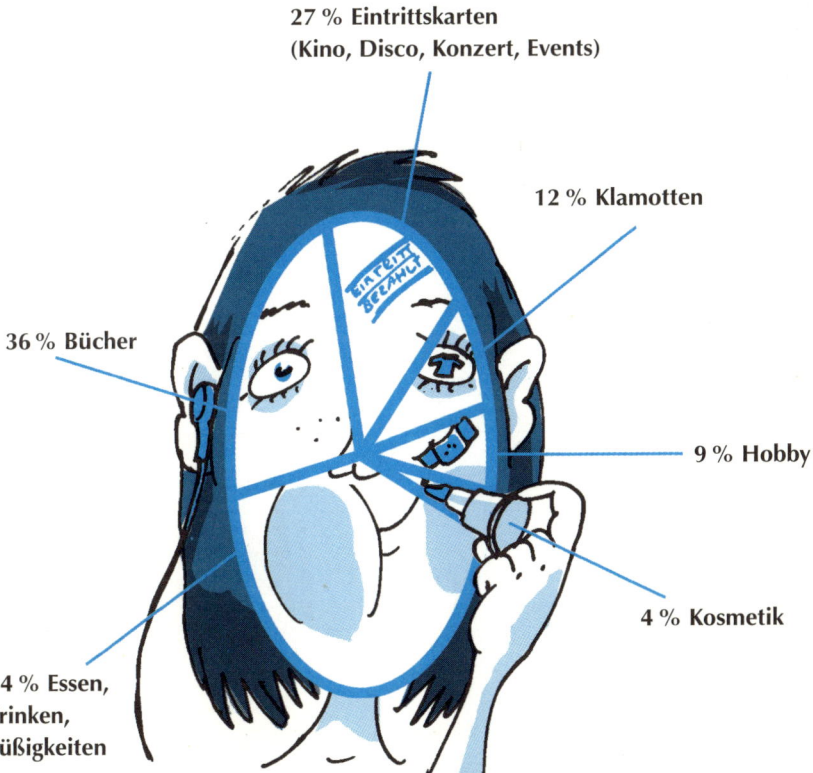

27 % Eintrittskarten
(Kino, Disco, Konzert, Events)

12 % Klamotten

36 % Bücher

9 % Hobby

4 % Kosmetik

64 % Essen, Trinken, Süßigkeiten

Plan B: Dein Budget

Nachdem du weißt, wie viel Geld du für was ausge-
geben hast, kommt die Feinarbeit in Sachen Finanz-
plan! Du lässt die Münzen und Scheine nicht mehr
einfach durch die Finger rinnen, sondern legst fest,
wo es langgeht. Im Klartext: Du brauchst einen Haushaltsplan bzw. ein so genanntes Budget.

> **Das Geld hat nicht mehr dich im Griff, sondern du das Geld.**

Als Einstieg dazu machst du dir zu den Ausgaben
eine genaue Aufstellung sämtlicher Einnahmen aus
Taschengeld, Jobs, Geldgeschenken – und schreibst
auch auf, welche kleineren und größeren Wünsche
du dir erfüllen willst, sprich: auf was du sparst. So
ein Budgetplan verschafft dir einen tollen Überblick
über deine Geldgeschäfte. Du siehst sofort, wenn du
über die Stränge schlägst und in die »roten Zahlen«
rutschst. »Rote Zahlen« schreibst du in dem Moment, in dem du mehr ausgibst, als du einnimmst.
Um dauerhaft »auf einen grünen Zweig zu kommen«
bzw. »schwarze Zahlen« zu schreiben, kannst du
dann entweder die Ausgabenbremse ziehen oder deine Einnahmen erhöhen. Wie du zu mehr Geld
kommst, hast du bereits gelesen. Tipps, wie du deine
Ausgaben verringern kannst, stehen auf den folgenden Seiten, wobei deiner eigenen Phantasie keine
Grenzen gesetzt sind.

Ganz wichtig!
Zweck dieser Aktion ist nicht
der Zwang, sich alles, was Spaß
macht, zu verkneifen! Dein Ziel
sollte es vielmehr sein, dir das
Leben durch Sparen nicht zu vermiesen
und dir deine Wünsche aus eigener
Kraft und mit Köpfchen zu erfüllen.

Beispiel für einen Budgetplan

Einnahmen		Ausgaben		Wünsche
Taschengeld	30 €	Essen	10,65 €	Skiurlaub
Geschenke	-	Hobby	-	Lederjacke
Job(s)	30 €	Klamotten	14,90 €	Handy
Zuschüsse	20 €	Bücher etc.	1,00 €	
Sonstiges	-	Eintritt	4,00 €	
		Beauty	4,39 €	
		Fahrtkosten	1,90 €	
		Schule	3,10 €	
		Handy/Telefon	-	
		Sonstiges	3,98 €	
Gesamt	80 €	Gesamt	43,92 €	
		Gespart	36,08 €	

Zeichne dir selbst so eine Tabelle und trage deine Einnahmen, Ausgaben und Wünsche ein oder tüftle dir selber einen ähnlichen Budgetplan aus!

Nur ein paar Prozent ...

Natürlich ist auch beim Monetenhüten noch kein Meister vom Himmel gefallen. Deshalb darfst du nicht gleich verzweifeln, wenn trotz aller Bemühungen am Wochen- und Monatsende nichts oder zu wenig für Extrawünsche übrig bleibt! Helfen kann da eine einfache Strategie, mit der schon viele, viele vor dir zu Reichtum gekommen sind: die 10-Prozent-Regel! Und die geht so: Von allen Einnahmen räumst du automatisch ein Zehntel zum Sparen auf die Seite. Verdienst du zum Beispiel in einer Woche 30 Euro beim Babysitting, wandern 3 Euro davon wie von selbst in die Wunschkasse bzw. auf dein Sparkonto. Du kannst dieses Spiel auf die Spitze treiben und von jedem Euro, der in deiner Tasche landet, 10 Cent abzwacken. Oder du ziehst einmal im Monat von den zusammengezählten Einnahmen ein Zehntel ab. Fällt dir der 10-Prozent-Einsatz zu schwer, fängst du einfach mit 5 Prozent an. Denn besser als zu übertreiben ist es, hundertprozentig dranzubleiben!

Wünsche ausmalen

Mit einem festen Ziel vor Augen geht alles leichter –
eine Lebensweisheit, die auch beim Sparen wahre
Wunder wirken kann. Bastle dir zum Beispiel ein
Poster mit deinen Wünschen auf einen Blick. Verlo-
ckende Bilder von verschneiten Skipisten, einem
Palmenstrand, super Klamotten oder dem heiß ersehnten Handy holen noch mehr Ehrgeiz aus dir
heraus, diese Ziele wirklich zu erreichen. Und zwar
nicht irgendwann, sondern zu festgelegten Zeit-
punkten, die fett neben den Bildern stehen. Hast du
das Geld für ein Ziel beisammen, kennzeichnest du
den Wunsch mit einem dicken Haken. Gestrichen
werden nur Wünsche, die neuen Vorstellungen und
Träumen gewichen sind. Grundsätzlich gilt: auf keinen Fall aufgeben! Wenn es nicht auf Anhieb klappt,
verschiebe lieber den Zielzeitpunkt!

CLEVER KAUFEN!

Zugegeben, ein Sparkurs zugunsten großer Wünsche ist noch relativ leicht zu schlucken – vor allem, wenn du dir deine Investitionen auch noch selber so richtig schön schmackhaft machst! Aber wie kriegst du bei den kleinen alltäglichen Ausgaben die Kurve? Keine Angst – auch da klappt es nach und nach wie am Schnürchen, wenn du dir für den Anfang schon mal die folgenden Top Ten der cleveren Kauftipps zu Herzen nimmst!

1 **Tapp** nicht immer gleich in die »Das-muss-ich-haben-Falle«, wenn du im Schaufenster ein super-tolles Hemd siehst! Vielleicht hast du ja selbst schon die Erfahrung gemacht, dass Blitzkäufe oft ganz schön schnell bereut werden. Besser ist es, der ersten Versuchung zu widerstehen, eine Nacht »drüber zu schlafen« und dann einen oder ein paar Tage später ein zweites Mal hinzugehen. Du wirst sehen: So wichtig nimmst du das Teil dann manchmal nicht mehr – oder es ist dir den Weg von vornherein nicht wert!

2 **Stell** Preisvergleiche an, statt »blind« mit der neuen CD deiner Lieblingsband, dem coolen Lippenstift oder den Label-Sneakers zur Kasse zu spurten! Nimm auch bei »Kleinigkeiten« Kurs auf ein, zwei andere Läden und check ab, ob die ersehnten Sachen woanders nicht billiger sind!

3 **Kaufe** gezielt ein und gehe nicht auf »Mal-schauen-Shopping-Tour« durch die Stadt! Denn nichts bringt den Geldbeutel mehr in Gefahr, als kurzerhand das zu kaufen, was dir gerade zufällig über den Weg läuft. Überlege lieber vorher, wo du bestimmte Hefte kriegst oder welches T-Shirt zu deinen anderen Sachen im Schrank passt.

4 **Gewöhne** dir eine »Zettelwirtschaft« an! Schreibe dir vor dem Shopping auf, was du brauchst, und zücke wirklich nur dafür deinen Geldbeutel. Das gilt natürlich vor allem für Lebensmittel, die sich ohne Einkaufszettel blitzschnell im Wagen stapeln, aber auch für den Marsch durch Musik-, Buch-, Klamottenläden & Co. Findest du trotz deiner schriftlichen Vorsichtsmaßnahme noch andere Dinge verdammt anziehend, tritt automatisch Punkt 1 in Kraft!

5 **Hamstern** geht tierisch ins Geld! Das fängt mit dem zweiten Hamburger an, den du dir für später aufhebst und den du dann wegwirfst, weil er logischerweise kalt geworden ist. Und es geht weiter über die Süßigkeiten-Schiene mit der Pseudo-Ausrede: »Dann hab ich immer was im Schrank.« Und das Ganze endet mit dem fünften Gürtel, obwohl du auch die anderen vier bisher nie umgeschnallt hast.

6 **Schlage** den Ausgaben durch Schnäppchen ein Schnippchen! Damit ist nun wirklich nicht die wilde Schlacht am Wühltisch gemeint, sondern ein geschicktes Händchen für super Waren zu besonders günstigen Preisen. Die gibt's zum Beispiel bei Werk- und Lagerverkäufen, so genannten »Outlets« und im Web (unter dem Schlagwort »Schnäppchen« auf allen Suchmaschinen). Schnäppchen-Führer mit allen wichtigen Informationen und Firmen-Adressen bekommst du – sortiert nach Bundesländern – außerdem im Buchhandel.

7 **Das** richtige Timing räumt dir bei vielen Käufen auch tolle Vorteile ein! Das heißt, du rennst bestimmten Sachen nicht dann hinterher, wenn es alle tun, sondern schwimmst sozusagen gegen den Strom. Kaufe die Inline-Skates oder das Fahrrad also nicht im Frühjahr, sondern kurz vor dem Winter, das Snowboard oder die Ski im Sommer, wenn sich alle im Freibad abkühlen.

8 **Trau** dich und teste doch mal die Sache mit dem Rabatt. Denn Feilschen ist nicht mehr dem orientalischen Basar in Urlaubsländern vorbehalten. Seit Frühjahr 2001 darfst du auch bei uns versuchen, ein paar Prozent Preisnachlass herauszuholen. Das gilt vor allem für größere Kaufobjekte wie Hi-Fi- und Sportgeräte, PCs und Zubehör.

9 **Sperre** überall die Augen auf und spitze die Ohren, damit du möglichst viele Ermäßigungen in Anspruch nehmen kannst. Mit deinem Schülerausweis kriegst du Rabatt auf Eintrittskarten für viele Kinos, Konzerte, Sportstadien, Events, bei öffentlichen Verkehrsmitteln, bei Gebühren für Internet, Handy und und und ... Da kommt im Monat ganz schön was an gesparten Euros zusammen!

10 **Und** noch ein Wort zum Thema kaufen, kaufen, kaufen ... Überleg mal, ob du dir nicht besser beim Sport, in deiner Clique oder bei anderen Beschäftigungen den Kick holst. Dann verfällst du mit Sicherheit viel seltener dem Kauffieber! Denn der häufigste Grund für Konsumzwang und Kaufrausch ist reine Langeweile!

LEIHEN UND TAUSCHEN STATT LÖHNEN

Kennst du das? Du stehst voll auf einen Star und gibst dein letztes Hemd für jede CD, jedes Video. Ein paar Wochen oder Monate später kostet dich Mr. X, Mrs. Y oder die Group Z nur noch ein müdes Lächeln.
Oder: Du willst auf deiner Geburtstagsparty mit den heißesten Hits und super Dancefloor-Samplern einheizen, hast gerade mal eine Hand voll starker Stücke und musst jetzt »weiß-der-Himmel-wie-viel« für CDs auf den Tisch legen. Eigentlich schade um das viele Geld, denn vor solchen Fällen schützt ein einfaches Zauberwort: leihen!

Das kannst du ganz professionell über Audio- und Videotheken tun. Wenn du selbst noch keinen Zugang zu solchen Leihstätten hast, weil du in Videotheken zum Beispiel erst ab 18 rein darfst, schreibst du die Titel auf und bittest deine Eltern oder ältere Freunde um Unterstützung. Leihgaben gibt's natürlich auch bei Freunden und Bekannten – gegen die Garantie, dass du alles wohlbehalten zurückbringst, versteht sich. Auf diese Weise kannst du dir Songs auch überspielen. Leseratten können ihr Geld für neuen Stoff erst recht stecken lassen. In Büchereien kriegst du für ein paar Euro Jahresgebühr (fast) alles, was deinen Abenteuer- oder Wissensdurst stillt. Und nicht nur das: Viele Bibliotheken und Büchereien verfügen auch über ein sattes Sortiment an Zeitschriften, Spielen, PC-Games, Videos, die du für 14 Tage bis vier Wochen mit nach Hause nehmen kannst. Wenn du dann doch einmal nicht fündig wirst, kannst du versuchen, den Ehrgeiz der Bibliothekare zu wecken, indem du sie bittest, dir das Gesuchte irgendwie doch aufzutreiben. Oder du fragst im Freundeskreis, ob ihr euch gegenseitig Zeitschriften, Bücher und Games leihen könnt. Damit fährst du deine Vergnügungskosten erheblich runter – und deine Freunde natürlich auch.

Unter guten Freunden ...

... geht mit etwas Gemeinschaftssinn übrigens noch jede Menge mehr, um die Moneten im Geldbeutel zusammenzuhalten! Hier ein paar Tipps:

✳ Leihgaben lassen sich auf tolle Tauschgeschäfte ausdehnen. Du bekommst die gewünschte CD und gibst dafür zwei Taschenbücher, die du schon gelesen hast. Dein Freund Benno hätte vielleicht für sein Leben gern deinen Sport-Bag, und du erhältst dafür seinen Lederrucksack, den du sowieso viel lässiger findest. Oder möglicherweise kennst du ja eine Klassenkameradin, die unbedingt so einen Rucksack will und dafür ihren Tennisschläger für deine ersten Stunden rausrückt. Und schon floriert der Tauschhandel, für den du kein Bares brauchst. Tauschen für einen verabredeten Zeitraum macht das Ganze nicht so endgültig, falls sich einer die Sache doch noch einmal anders überlegen sollte.

✳ Auch regelmäßige Flohmärkte für Klamotten oder anderen Krimskrams im Freundeskreis machen super viel Spaß. Sprecht euch ein paar Wochen vorher ab. Dann kann jeder Sachen aufheben, die er eigentlich weghaben will. Ein witziger Weg zu sparen und ein paar Euro zu verdienen.

✳ Gruppenkarten bei der Bahn, in Museen oder auch Kinos senken Fahrt- und Eintrittskosten. Das gilt auch für Zehnerkarten in Schwimmbädern, Sporthallen oder auf Eislaufplätzen, die ihr euch teilen könnt. Achtet aber darauf, dass sie übertragbar sind.

✳ Tu dich mit anderen zusammen, wenn ein toller Trend ins Rollen kommt! Marschiert ihr nämlich gleich zu mehreren mit demselben Wunsch in's Geschäft, klappt es garantiert leichter mit dem Rabatt.

Vom Tauschgeschäft zum Geldgeschäft

Vor Tausenden von Jahren, in der Bronzezeit, erfanden die Menschen das Tauschen, weil es der einzige Weg zu Waren war, die nicht aus der eigenen Werkstatt stammten. Wer Waffen und Werkzeuge aus Bronze klopfte, hatte kaum Zeit, Beeren zum Essen zu sammeln und die mit »ä« für warme Kleidung zu jagen. Also tauschte er seine Produkte gegen Nahrung und Felle. Die Jäger konnten dann mit den Waffen mehr Tiere erbeuten und tauschten wiederum Fleisch, das sie nicht brauchten. Später ersetzten festgelegte Tauschgüter wie Muscheln, besondere Steine oder auch Salz die Tauschwaren. Schließlich kam Gold oder Silber als Geldvorläufer ins Spiel. Wer den Anfang mit richtigen Geldmünzen machte und wann, steht nicht genau fest. Einige Wissenschaftler meinen, das passierte etwa 4000 Jahre vor Christus in Mesopotamien. Andere glauben, dass die Chinesen etwa 1000 Jahre vor Christus die ersten Münzen prägten. Kein Zweifel besteht wohl daran, dass König Krösus (etwa 700 vor Christus) aus einem kleinen Reich auf dem Gebiet der heutigen Türkei als Erster Gold und Silber zu Münzen als Zahlungsmittel verarbeiten ließ. Genau deshalb sagt man noch heute »Krösus« zu den Menschen, die viel Geld haben und es auch zeigen.

DO-IT-YOURSELF

Auf der Wichtigkeits-Skala in Sachen Ansehen kommen coole Klamotten gleich nach der Wahl der Freunde und Hobbys. Und auch wenn dir die halbe Welt mit erhobenem Zeigefinger weiß machen will, das seien doch alles nur äußere Werte, willst du verständlicherweise gerne mithalten. Das muss aber nicht heißen, dass nur ausschließlich teure Marken-Labels zählen und du nur wer bist, wenn du jedem Trend hinterherhechelst. Wichtiger ist, deinen eigenen Stil zu entwickeln, der deinen Typ unterstreicht und für Ausstrahlung sorgt.

Viele Stars setzen neuerdings extra auf »No-Label-Look«. Lass dich also nicht dazu verleiten, für Klamotten so viel auszugeben, dass du ständig mit leeren Taschen dastehst. Geh lieber generell etwas sparsamer mit deinem Kleider-Budget um, dann kannst du dich ja ab und zu mit einem unwiderstehlichen Markenteil belohnen.

Genug philosophiert! Jetzt willst du sicher Taten sehen, wie du dich auch ohne viel Geld deinem Typ entsprechend kleidest. Der Trick: Du kopierst, was dir gefällt. Und da gibt es fast nichts, was du nicht mit relativ wenig Einsatz nachmachen könntest! Egal, ob angesagte Printshirts oder Tops mit Glitzersteinen, Sixties-Jeans mit Flower Power oder punkig angehauchten Nieten – Hauptsache angesagt und im Handumdrehen aus alten Teilen selbst gemacht. Das Outfit allein macht dich jedoch noch nicht zur Supertype. Dein Verhalten gegenüber anderen und deine Kreativität zählen mindestens genauso viel beim Punktesammeln auf der Beliebtheitsskala. Wie praktisch, wenn du dann durch Talent und Können mit eingebautem Spareffekt dein Ansehen in der Clique erhöhen kannst.

Gleich vorweg: Hier werden Mädels sicher eher fündig, aber warum sollen nicht auch mal Jungs ihr T-Shirt selbst verfeinern? Und wenn es bei den Beauty-Tipps vor allem um Schminke und Co. geht, müssen sich die Boys auch nicht ärgern, denn sie sparen in diesem Punkt sowieso. Und die Anti-Pickel-Creme müssen sich alle kaufen.

»Designer-Jeans«

✱ Nichts läuft zurzeit mehr ohne extremen Used-Look bei Jeans. Für die ausgefranste »Schmuddel«-Optik brauchst du aber keine neue Blaue, sondern nur eine Schere und Effektspray. Trenne den Bund ab und schneide die Hosenbeine einen Zentimeter ab. Wasche die Jeans ein paarmal, bis der Stoff ganz von selbst ausfranst. Nun musst du nur noch Po, Knie und Taschen mit etwas Effektspray besprühen. Fertig!

✱ Auch der angesagte Retro-Style der Sixties und Seventies kostet kaum Geld und gerade mal ein, zwei Stunden Arbeit. Du brauchst Textilkleber, einen Entfärber, eine einfache Bootcut- bzw. Schlagjeans und eine zu kleine oder kaputte Jeans aus deinem Schrank. Zeichne auf die ausgemusterte Hose mehrere Blüten, schneide sie aus und stecke sie mit dem Entfärber (nach Anleitung) in die Waschmaschine oder in einen Topf. Sind die Teile getrocknet, klebst du sie auf die andere Jeans.

✱ Ganz schön rockig werden Jeans und Jeansjacke durch Stecknieten, die du entlang der Nähte und rund um die Taschen aufdrückst. Als Extra-Kick kannst du aus den Nieten noch ein, zwei Sterne oder einen Schriftzug formen. Wenn du statt Nieten Strasssteine nimmst, verwandelst du Jeans und Jacken in den Glam-Look der 80er-Jahre.

Shirt-Charts zum Selbermachen

❋ Szenige Tops und T-Shirts zeigen Flagge! Statt viel Geld dafür hinzulegen, holst du dir den britischen »Union Jack«, die »Stars & Stripes« (US-Sternenbanner) oder das Schweizer Kreuz einfach als Bügelbild aus der Kurzwarenabteilung im Kaufhaus. Jetzt nur noch ran an das heiße Eisen – und schon hast du ein schlichtes T-Shirt oder Top trendy getoppt.

❋ Auf Nummer sicher gehen sportliche Girls und Boys mit einer großen (Glitzer-)Zahl im Football-Look auf langweiligen Shirts. Auch die gibt's zum Aufbügeln oder als Stoff-Tattoo zum Aufkleben.

❋ Disco- und partytauglich machst du ein Top aus deinem Schrank mit Pailletten, zum Beispiel in Form einer Phantasieblume, als Zahl oder entlang der Bündchen. Das Motiv vorzeichnen und mit Hilfe von Textilkleber und den Pailletten verzieren.

❋ Willst du im New-Punk-Look bestechen, brauchst du nur ein paar Sicherheitsnadeln und einen Beutel Stecknieten. Seitennähte eines engen Tanktops ein Stück auftrennen, die Nähte mit den Sicherheitsnadeln fixieren und von oben bis unten Nieten aufdrücken.

* Mit etwas Fingerspitzengefühl, glitzernder oder matter Textilmalfarbe und einem Pinsel oder Applikator schaffst du es auch spielend, Shirts mit frechen Sprüchen oder einzelnen Wörtern zu beschriften. Botschaften fallen dir doch bestimmt zur Genüge ein.

* Sternstunden erleben Shirts, Jacken und Jeans mit Metallic-Spray und einer einfachen Schablone. Schneide aus dünnem Karton einen großen und/oder mehrere kleine Sterne aus, lege das Teil mit den Sternumrissen auf den Stoff und sprühe den oder die Sterne in Gold, Silber oder anderen Glitzerfarben auf.

Spar-Tipps aus der Beauty-Trickkiste

* »All-in-One-Stifte« für Augen, Wangen und Lippen ersparen dir einen (viel teureren) Beutel voll Lidschatten, Rouge und Lippenstiften!

* Rouge und Lidschatten lassen sich mit etwas Lippenbalsam als Unterlage auch super als Lippenstift verwenden! Umgekehrt kannst du Lippenstift als Rouge auf die Wangen tupfen und verwischen.

* Aus Lippenbalsam oder transparenter Fettcreme (Vaseline), gemischt mit etwas Glitter oder Glitzerstaub, kannst du dir die schönsten Glitzerlidschatten, Glitzerglosse für die Lippen und Schimmercremes zaubern!

* Für modische Farbsträhnen musst du nicht für viel Geld zum Friseur. Kauf dir eine Coloration, rühre sie in einem Schüsselchen an, tupfe ein altes (gut ausgewaschenes!) Mascara-Bürstchen ein und fahr damit über einzelne Strähnen oder die Haarspitzen. Lass die Farbe nach Anleitung einwirken und wasch sie dann aus. Das gibt echt coole Effekte!

* Für eine »One-Day-Haarsträhne« tut es auch ein Tick knalliger Lidschatten, den du auf der Handfläche mit Haargel oder Fettcreme mixt!

BARES VON BANKEN

Das eigene Konto

Finanzkontrolle, Budgetplan, Eingaben, Ausgaben – all das hast du versucht. Und trotzdem ist Mitte des Monats nichts mehr auf der hohen Kante. Da hilft nur eins: Profis!

GELDGESCHÄFTE UND GESETZGEBER

Alle bisherigen Tipps und Tricks haben deine finanzielle Situation nicht verbessert? Du willst dir also professionelle Hilfe für den Durchblick bei deinen Geldtransfers holen? Ein guter Gedanke, denn tröste dich: Es geht vielen so – auch denen, die das nicht zugeben. Überlege also, ob du nicht eine Bank oder Sparkasse zu deinem persönlichen Geldverwalter machen willst. Der zeigt dir mithilfe eines Kontoauszugs regelmäßig an, ob du noch flüssig bist.

Nicht ohne deine Eltern

Es gibt Leute, die tatsächlich was vom Geld verstehen. Und die haben klare Spielregeln für Geldgeschäfte aufgestellt, an die auch du dich halten musst. Diese Spielregeln richten sich nach dem Alter.

Hast du vielleicht eine kleine Schwester unter sieben Jahren? Nun, die hat ziemlich Pech, was Geldgeschäfte – egal welcher Art – angeht. Solche kleinen Leute sind nämlich »geschäftsunfähig«, so jedenfalls der Fachausdruck, den das Gesetz verwendet. Selbst wenn sie sich ohne die Zustimmung eurer Eltern nur eine klitzekleine Kleinigkeit kaufen will, kann der Kauf rückgängig gemacht werden. Rein theoretisch gilt das sogar, wenn sie sich ein Eis gekauft hat und Mutter will das nun absolut nicht. So richtig hohe Beträge oder die gelegentlichen Scheine von Omas und Tanten können also auf Sparbüchern oder als Geldanlagen auch nur von Erwachsenen für sie angelegt werden.

Etwas anders sieht es schon aus, wenn man sich wie du im Sumpf zwischen sieben und 18 Jahren befindet. In diesem Alter ist man nach geltendem Recht »beschränkt geschäftsfähig«. Das heißt, dass du in diesem Alter »Rechtsgeschäfte«, also beispielsweise einen Vertrag, ohne die vorherige Einwilligung deiner Eltern nicht wirksam abschließen kannst. Aber es gibt schließlich Ausnahmen.

Ausnahme 1: Deine Eltern genehmigen das Geschäft nachträglich.

Ausnahme 2: Du gehst lediglich mit dem Geld, das du zur freien Verfügung hast, einkaufen. Gemeint ist das Taschengeld. Deshalb heißt die entsprechende Regelung im Bürgerlichen Gesetzbuch (BGB) auch der »Taschengeldparagraf«.

Ausnahme 3: Das von dir angestrebte Rechtsgeschäft hat – natürlich wieder aus Sicht des Gesetzgebers – nur Vorteile für dich.

Doch wie gesagt: Ausschlaggebend ist dabei nicht deine Meinung oder die des Verkäufers, sondern ausschließlich die der Gesetzeshüter. Und die sehen das regelmäßig sehr streng.

Diese Regeln haben natürlich Folgen für deine Geldgeschäfte. Grundsätzlich brauchst du die Zustimmung deiner Eltern, beispielsweise auch, wenn du ein Girokonto eröffnen willst. Und es geht sogar noch weiter. Denn bestimmte Geschäfte haben demnach nur dann Gültigkeit, wenn neben der Zustimmung der Eltern auch eine besondere Genehmigung des Vormundschaftsgerichts vorliegt. Falls du also als Jugendlicher von deiner Bank einen Kredit brauchst oder auch nur dein Konto überziehen willst, benötigst du dafür eine richterliche Genehmigung. Du siehst: In puncto Geldgeschäfte werden die Zügel ganz schön stramm angezogen.

Vereinfacht und kurz gesagt: Du kannst nur mit deinem Taschengeld machen, was du willst. Oder – falls du noch keine 18 bist, aber als Azubi schon dein eigenes Geld verdienst – über deine Moneten frei verfügen. Wenn du Kapitel 2 aufmerksam gelesen hast, wirst du merken, dass es hier richtige Alters-Schallgrenzen gibt, die sich, egal ob es ums Arbeiten und Geldverdienen oder aber um Geldgeschäfte geht, herausstellen lassen: Unter 7 Jahren hast du null Chancen und dämmerst im kleinkindlichen Kosmos von Streitereien zwischen »Ich haben will ...!!! ÄÄhh ...!« und »Nein, das kriegst du nicht!« dahin. Zwischen acht und 18 Jahren traut man dir dann allmählich eine gewisse Cleverness zu und erlaubt dir, dass du folglich auch ein paar eigene Transaktionen finanzieller Art bewältigen kannst. So richtig frei bist du mit 18 Jahren. Da steht dir die Finanzwelt offen. Die Möglichkeit für Höhenflüge und Abstürze inklusive.

Das geht (bzw. geht nicht!) unter 18

	Ab 7 Jahren	Azubis unter 18 Jahren
Mit Bargeld oder Giralgeld	Mit deinem Taschengeld kannst du fast alles machen, was du willst.	Du kannst dir ein eigenes Gehaltskonto eröffnen und selbstständig Überweisungen tätigen
Mit Sparguthaben	Wenn die Eltern es dir erlauben, kannst du sowohl was einzahlen als auch abheben. Besser, ihr habt von vornherein eine gewisse Summe ausgemacht, dann brauchst du nicht vor jedem Gang zur Bank die Eltern fragen und kannst auch mal flüssig werden, wenn du was ganz Privates kaufen willst.	Wenn die Eltern zugestimmt haben oder ihr vorher einen festen Rahmen für Abhebungen ausgemacht habt, kannst du allein abheben und einzahlen.
Mit Kundenkarten	Mit der kannst du so viel abheben, wie die Eltern vorher erlaubt haben. Wenn nicht mehr genug auf dem Konto ist, rückt der Kassenverwalter sowieso nichts raus bzw. nur das, was noch drauf ist.	Mit der kannst du so viel abheben, wie viel die Eltern vorher erlaubt haben. Wenn nicht mehr genug auf dem Konto ist, rückt der Kassenverwalter sowieso nichts raus bzw. nur das, was noch drauf ist.
Bei Verträgen	Ohne deine Eltern läuft überhaupt nichts. In Ausnahmefällen können sie auch nachträglich mal was erlauben. Wenn sie das nicht tun, ist der abgeschlossene Vertrag schlichtweg unwirksam.	Selbst der Azubivertrag muss außer von dir auch von deinen Eltern unterschrieben werden. Sonstige Vertragsabschlüsse sind nicht gestattet ohne elterliche Erlaubnis.
Bei Krediten und Ratengeschäften	Hier ist absolut nichts erlaubt. Wenn du besonders pfiffig sein willst, mach dich schon mal schlau, damit du dann mit 18 durchstarten kannst.	Hier ist absolut nichts erlaubt. Wenn du besonders clever sein willst, mach dich schon mal schlau, damit du dann mit 18 loslegen kannst.
Bei Börsengeschäften	Jede einzelne Transaktion muss von deinen Eltern genehmigt werden. Lies dazu besonders das Kapitel 5 sehr, sehr aufmerksam durch.	Jede Transaktion muss von deinen Eltern genehmigt werden. In Kapitel 5 steht, wie es geht.

DAS TASCHEN-GELDKONTO

Die komplette Rundumversorgung mit Konto, Karte und Kredit ist für dich also nicht zu haben. Doch neben allem, was du nicht darfst, darfst du auch was: ein eigenes Konto haben und mit deinem Geld wiederum Geld verdienen. Immer vorausgesetzt, du hältst dich an die Spielregeln der Gesetzeshüter.

Mach dich zuerst mal auf die Suche nach einem professionellen Geldverwalter. Viele Geldinstitute bieten ein so genanntes Taschengeldkonto an. Das ist immer noch besser als die Spardose auf dem Schreibtisch oder der Sparstrumpf unter der Matratze. Und dieses Taschengeldkonto funktioniert schon fast genauso wie ein normales Girokonto. Wie der Name schon sagt: Die Bank oder Sparkasse verwaltet mithilfe dieses Kontos dein Taschengeld. Damit es pünktlich zum vereinbarten »Zahltag« zur Verfügung steht, können deine Eltern die Moneten per »Dauerauftrag« auf dein Taschengeldkonto überweisen, das hängt ganz von euren Abmachungen während der Taschengeldverhandlungen (siehe Kapitel 1) ab. Überzeuge deine Eltern von einem Dauerauftrag, das heißt, dass der Geldbetrag jeden Monat automatisch auf deinem Konto landet. So können sie dir mit Ausreden »Ach, das habe ich ja ganz vergessen!« oder Strafaktionen »Diesen Monat gibt es weniger Geld, weil du das oder das (nicht) gemacht hast ...« nicht kommen. Denn die Mühe, einen Dauerauftrag zu ändern, machen sie sich mit Sicherheit aus Bequemlichkeit nicht.

Steht nun die neue CD an oder brauchst du ganz dringend diesen absolut coolen neuen Comic, kommst du mithilfe einer Bankcard an die nötigen Münzen und Scheine. Mit dieser Plastikkarte kannst du an jedem Geldautomaten deiner Bank oder Sparkasse Bares abheben. Außerdem hast du als Kontoinhaber die Möglichkeit, Geld an Dritte – zum Beispiel deinen Freund, der dir kürzlich mit ein paar Euro ausgeholfen hat, oder deinen Sportverein – zu überweisen. Selbstverständlich nur im Rahmen deines aktuellen Guthabens. Im Unterschied zum normalen Girokonto kriegst du beim Taschengeldkonto keine Schecks und Scheckkarten. Und auch die Sache mit der Kontoüberziehung ist nicht drin. Kurz: Solange du »im Haben« bist, dein Konto also ein Guthaben aufweist, spuckt der Geldautomat auch etwas aus. Einen Kredit von der Bank, etwa für einen Extra-Wochenendtrip, das Aufladen des Handys oder auch nur für den Kinobesuch, gibt es nicht. Sieh es einfach so, dass du sozusagen in der Lernphase bist – aus Sicht der Erwachsenen natürlich.

Volks- und Raiffeisenbanken beispielsweise bieten das Taschengeldkonto ab zwölf Jahren an. Außerdem verlangen sie keine Gebühren. Die Bank als dein persönlicher Geldverwalter nimmt für ihre Dienstleistung also kein Geld und das entlastet wiederum deinen Geldbeutel. Frag einfach bei deiner Bank oder Sparkasse um die Ecke nach einem vergleichbaren Angebot.

DAS GIROKONTO

Es war einmal ein Chef, der seinen Angestellten den Lohn am Wochen- oder Monatsende »auf die Hand« zahlte. Fast jedes Geldgeschäft wurde früher in bar abgewickelt. Heute ersetzt das Girokonto zumindest bei größeren Geschäften und Käufen knisternde Scheine und klimpernde Münzen. Selbst kleinere Einkäufe werden immer häufiger bargeldlos erledigt. Doch ohne Münzen und Geldscheine kann nur zahlen, wer ein Girokonto hat.

Der Begriff »Girokonto« hat italienische Wurzeln: »giro«, auf Deutsch »Kreis«, und »konto« = »Rechnung«. »Girokonto« lässt sich also vereinfacht mit Zahlungs-Kreisverkehr übersetzen.

Willst du deine Zahlungen kreisen lassen, musst du zunächst ein Konto eröffnen. Das funktioniert vergleichsweise einfach: Du gehst zur nächstgelegenen Bank oder Sparkasse und trägst deinen Wunsch vor. Bei der Kontoeröffnung musst du dich ausweisen, z.B. indem du deinen Personalausweis vorzeigst. Außerdem wird deine Unterschrift hinterlegt. Das bedeutet: Du unterschreibst eigenhändig das entsprechende Formular, das der Bank- oder Sparkassenmitarbeiter dir vorlegt. So kann das Geldinstitut überprüfen, ob die Unterschrift auf einem Scheck oder einer Überweisung tatsächlich von dir stammt.

Damit du – unter 18 Jahren – ein Girokonto eröffnen kannst, brauchst du die Zustimmung des so genannten gesetzlichen Vertreters, also in der Regel deiner Eltern. Nur mit ihrer Unterschrift wird der Kontovertrag wirksam. Erst wenn du mindestens 18 Jahre alt bist, darfst du allein ein Girokonto eröffnen.

Taschengeldkonto und Girokonto funktionieren vom Prinzip her gleich. Doch im Unterschied zum Taschengeldkonto kann ein Girokonto mehr – zumindest theoretisch.

Sobald dein Konto eröffnet ist, erhältst du eine Kontonummer und eine Bankcard oder ec-Karte. Deine Kontonummer solltest du nach Möglichkeit nicht jedem weitergeben. Damit du auf dem Laufenden über deine Kontobewegungen bleibst, gibt es einen Kontoauszug. Der Kontoauszug zeigt dir sämtliche angenehmen und unangenehmen Geldbewegungen auf deinem Konto an. Zahlungseingänge werden deinem Konto gutgeschrieben und im »Haben«, Zahlungsausgänge hingegen dem Konto belastet und im »Soll« verbucht.

Auch außerhalb der Öffnungszeiten deiner Bank kannst du dich über deinen Kontostand informieren, indem du deine Kundenkarte, also deine Bankcard oder ec-Karte, in den Kartenschlitz des Kontoauszugsdruckers der Bank schiebst. Wichtig: Bei Konten von Unter-18-Jährigen müssen die Banken sicherstellen, dass die Konten auf Guthabenbasis geführt werden. Denn wie du bereits weißt: Für Kontoüberziehungen und Kredite brauchst du die Genehmigung des Vormundschaftsgerichts. Deshalb muss der Unterschiedsbetrag zwischen Gutschriften und Belastungen, auch Saldo genannt, bei deinem Girokonto immer im »Haben« stehen.

Hin und her und rundherum

Mit dem Konto kannst du selbstverständlich noch mehr anstellen: Zum Beispiel kannst du die Rechnungen mithilfe eines Überweisungsauftrages bezahlen, wenn du mal wieder beim neuesten Klamottenkatalog schwach geworden bist und dir die super Hose bestellt hast. Die Bank bucht nach deinen Angaben auf dem Überweisungsformular den Betrag von deinem Konto ab und leitet ihn an die Bank des Empfängers.

Für Vergessliche oder Bequeme, die regelmäßig einen Betrag überweisen müssen, gibt es den Dauerauftrag oder die Lastschrift. Der Unterschied: Wenn es sich um eine regelmäßige Zahlung mit einem festen Betrag handelt, musst du einen Dauerauftrag erteilen, beispielsweise für den Beitrag zum Sportverein. Wenn der Rechnungsbetrag unterschiedlich hoch ausfällt, z.B. bei der Handyrechnung, kommt die Lastschrift infrage. Doch auch in diesem Punkt gilt wieder: Alles muss vorher oder nachträglich von deinen Eltern genehmigt sein.

Bargeldlos mit Karte zahlen kannst du als Kontoinhaber ebenfalls. Dazu schiebst du deine Karte an der Kasse in ein Lesegerät und tippst deine Geheimzahl ein. Ohne diese Zahl rührt sich der Automat nicht die Bohne, da kannst du noch so hübsch in die Überwachungskamera lächeln. Drei Versuche hast du beim Eintippen. Wenn die Zahl dann noch nicht stimmt, wird die Karte einfach geschluckt und du kannst sie dir am Schalter während der Öffnungszeiten wieder abholen.

Ist die Karte nicht gesperrt und ist noch genügend Zaster auf dem Konto, wird die gewünschte Zahlung freigegeben. Je nach »System« kann man für electronic cash die Bankcard, eine ec-Karte oder eine Kreditkarte benutzen. Doch auch hier sind deine Möglichkeiten in der Praxis eingeschränkt. Wenn du unter 18 bist, kannst du nur mit Genehmigung deiner Eltern und des Vormundschaftsgerichtes einen Kredit bekommen. Damit sind Kreditkarten für Jugendliche tabu.

Dafür, dass sie ein Girokonto führen, nehmen Banken oder Sparkassen Gebühren. Viele werben jedoch mit dem kostenlosen Girokonto für Jugendliche. Bevor du ein Konto eröffnest, liest du dir am besten mit deinen Eltern oder deinem Lieblingsonkel die Vertragsbedingungen genau durch und fragst nach, welche Leistungen die Bank kostenlos erbringt. Sei grundsätzlich erst einmal sehr misstrauisch!

Präge dir deine Geheimzahl gut ein und schreibe sie nicht gerade auf die Rückseite der Karte oder auf einen Zettel, den du im Geldbeutel deponierst. Denn geht sie mal verloren oder hat sich ein Langfinger das gute Stück unter den Nagel gerissen, inklusive Geheimzahl, wird der Bankautomat ohne Wimpernzucken das gewünschte Geld auswerfen. Kommt dir die Bankcard mal abhanden, lass sie sofort sperren. Das kannst du telefonisch rund um die Uhr tun.

Manches Geldinstitut bietet auch Girokonten mit Guthabenverzinsung an. Die fällt allerdings meist recht mickrig aus. Doch besser als Konten ohne Verzinsung sind solche Angebote allemal. Wenig ist immer noch besser als nichts. Eins wird daran jedenfalls klar: Ein Girokonto ist kein Sparkonto und lässt sich nicht für deinen eigenen Vermögensaufbau nutzen. Dazu gibt es andere Angebote. Mach dich dazu im nächsten Kapitel schlau.

BULLEN, BÄREN UND BÖRSE ...

Das Geld arbeiten lassen

Je früher du Geld investierst, desto besser sehen deine Finanzen später aus. Es könnte ja schließlich sein, dass du Bares fürs Mofa oder ein Auto brauchst. Wenn du Geduld hast und früh anfängst, könntest du – zumindest rein theoretisch – steinreich werden. Denk doch nur mal an Dagobert Duck ... !

START-UP FÜR CLEVERE

Legst du Geld an, also investierst du in irgendeiner Form, so erwirtschaftet dieses Kapital jedes Jahr Erträge, z. B. in Form von Zinsen. Diese Erträge sind sozusagen der Lohn dafür, dass du jemandem dein Geld überlässt und er damit »hantieren« kann. Mit anderen Worten: Du verdienst als »Kapitalverleiher« und musst außer ausleihen nichts tun. Schluss mit Nachhilfe geben, Rasen mähen oder Babysitten ...
Das klingt jetzt supertoll und verlockend, aber so mancher ist bei diesem coolen Geldanlegen schon mächtig auf die Nase gefallen.

Geldinstitute »schütten« die Leihgebühr für dein Kapital meist einmal jährlich aus. Während dieses Jahres haben sie wiederum das Geld von dir und anderen Ausleihern woanders, beispielsweise bei einer Fondsgesellschaft, angelegt. Falls du dieses ausgeschüttete Geld dann wieder anlegst, erzielst du mit deinen Zinsen erneut einen Ertrag und so weiter und so fort. Im Klartext: Mit den Zinsen verdienst du auch wieder Zinsen – ganz ohne schweißtreibende Arbeit. Fachleute sprechen in diesem Zusammenhang auch vom »Zinseszinseffekt«.

Wenn du deine sparsame Zeit auf später verschiebst, fällt der Zinseszinseffekt immer weniger zu deinen Gunsten aus. Das Motto für kommende Finanzkönige heißt deshalb: Je früher, desto besser. Wer früh und regelmäßig nur wenig Geld anlegt, kann langfristig sogar Millionär werden. Denn auch das gehört zum Zinseszinseffekt: Je länger du dein Geld investierst, desto mehr Ertrag wirft es ab – und um so reicher wirst du. Ausdauer und sportlicher Ehrgeiz beim Sparen werden also belohnt.

Zinseszinseszinseszins

Du kannst dir das zwar jetzt nicht vorstellen, aber irgendwann bist du vielleicht 65. Wenn du dann ein Vermögen von 4 550 666 Euro haben willst (ist ja durchaus erstrebenswert), musst du monatlich – neun Prozent »Jahresrendite« im Schnitt vorausgesetzt und Kosten nicht berücksichtigt – einzahlen ...

... ab Geburt 100,00 Euro
... ab dem 18. Lebensjahr 508,30 Euro
... ab dem 25. Lebensjahr 964,79 Euro

Je später du anfängst, desto mehr musst du also abzwacken, um dein Vermögen so schnell anwachsen zu lassen wie das eines »Frühstarters«.

Zugegeben: Diese Zahlen sind etwas hoch gegriffen. Doch dein Geld kannst du auch dann wachsen sehen, wenn du Monat für Monat einen kleinen, überschaubaren Betrag auf die hohe Kante legst.

Falls dein Taschengeld nicht gerade das höchste im Umkreis ist oder du – verständlicherweise – dein bisschen Kohle für was anderes brauchst, rede mit deinen Eltern über eine Finanzkönig-Unterstützung. Dass man mit Geld Geld verdienen kann, wird sicher auch sie überzeugen, wetten ...?

KLEINES VIEH, GROSSER MIST

Sparformen, die sich lohnen

Stell dir vor: Du kannst dir alles kaufen, was gerade angesagt ist. Aber du bist clever: Wer braucht schon zwei oder drei Handys gleichzeitig? Immer das neueste Modell reicht doch völlig. Bis die nächsten Mini-Telefone mit allem Schnickschnack auf den Markt kommen – vielleicht in ein, zwei oder drei Jahren – bist du durch deine Finanzstrategie längst wieder flüssig. Und: Du wirst wieder mal einer der Ersten sein, die das neueste Gerät haben.

Weshalb du genug Geld hast, um dir das leisten zu können? Ganz einfach! Du hast rechtzeitig einiges von deinem »wahren Baren« – egal ob Taschengeld oder Lohn für den Aushilfsjob in den Ferien oder an Wochenenden – auf die hohe Kante gelegt. Du hast das regelmäßig getan – alle vier bis sechs Wochen, wenn wieder Geld übrig war. Durch deine Hartnäckigkeit sind die Ersparnisse mit der Zeit immer größer geworden. Aber nicht nur deshalb. Denn du hast irgendjemandem dein Geld anvertraut, beispielsweise einer Bank, Sparkasse oder Fondsgesellschaft. Vielleicht hast du auch Aktien gekauft, etwa von deinen Lieblingsunternehmen Nokia, Coca-Cola oder McDonald's. Egal, wo du deine »hohe Kante« auch aufgestellt hast: Falls alles bestens gelaufen ist und du auch ein wenig Geduld mitgebracht hast, sind deine Ersparnisse größer als die Summe, die du eingezahlt hast.

Weshalb das so ist? Niemand gibt sein Geld her, ohne sich davon einen finanziellen Vorteil zu versprechen. Wenn du dein Geld einer Bank oder Sparkasse ein paar Jahre zur Verfügung stellst, ist das eine »Ausleihe«. Das Institut muss dir einen Preis dafür zahlen (die Zinsen), dass du ihm finanzielle Mittel borgst. Und wenn du beispielsweise Bundesschatzbriefe oder andere staatliche Schuldpapiere kaufst, dann hat quasi der Finanzminister Geld von dir geliehen. Auch er zahlt dir dafür Zinsen. Schau mal an, sogar »Vater Staat« ist oft genug pleite!

Du magst aber weder festverzinsliche Wertpapiere noch entscheidest du dich für einen so genannten Banksparplan. Stattdessen findest du Aktien und Aktienfonds toll? Auch hier vertraust du jemandem dein Geld an. Das ist der Vorstand des jeweiligen Unternehmens, wenn du direkt Aktien kaufst. Sofern du Aktienfonds bevorzugst, sind noch Anlageprofis zwischen dir und der jeweiligen Firma zwischengeschaltet. Im Gegensatz zu Festverzinslichen Wertpapieren sind dir bei Aktien und Aktienfonds die Erträge nicht sicher.

Verdienstfaktoren:

Wie viel du mit solchen Geldanlagen verdienen kannst, hängt von vielen Faktoren ab. Etwa von den Gewinnen des Unternehmens und den Dividenden, die den Eigentümern daraus gezahlt werden. Aber auch die allgemeine Kursentwicklung an den Börsen und der konjunkturelle Trend sind wichtige Einflussfaktoren für die Investmentformen Aktien sowie Aktienfonds.

Wer heutzutage – ob als Erwachsener oder als Jugendlicher – sein Geld anlegen möchte, hat dazu ungezählte Möglichkeiten. Die Anbieter – das sind hauptsächlich Banken, Sparkassen, Investmentfonds-Gesellschaften, Versicherungen und Bausparkassen – präsentieren die bunte Vielfalt selbstverständlich nicht ohne sich davon auch ihr Kuchenstück zu versprechen. Die Finanzindustrie – nicht nur bei uns, sondern überall auf der Welt – verdient jedes Jahr zig Milliarden (wahlweise) Euro, Dollar und, und, und ... am Sparfleiß der Menschen. Klar, dass die Anbieter sich verstärkt um das Wohlwollen von euch jungen Anlegern bemühen, denn ihr seid ja die Geldverdiener von morgen. Da gibt es also Angebote, die speziell auf dich und deine Altersgenossen zugeschnitten sind. Viele Angebote sind jedoch lediglich auf »jung« getrimmt und auch für Erwachsene geeignet.

Die Qual der (richtigen) Wahl

Die überaus große Angebotsvielfalt macht dir das Leben als Sparer naturgemäß nicht gerade leicht.

Deshalb solltest du, sobald es um dein Geld geht, sorgfältig abwägen, was für dich das Beste ist.

Was für den einen jedoch das »Beste« ist, passt dem anderen oft noch lange nicht. Auch wenn dir nur vergleichsweise kleine Beträge für die Geldanlage zur Verfügung stehen, kannst du dich durchaus an eine bewährte Regel von Großanlegern, die oft mit zig Milliarden Euro hantieren, halten. Diese Regel ist auch als »das goldene Dreieck der Geldanlage« bekannt. Die drei Eckpunkte dieser geometrischen Figur tragen die Bezeichnungen »Sicherheit«, »Rendite« und »Liquidität«.

Also: Bevor du nur einen müden Euro zur Bank, Sparkasse, einer Fondsgesellschaft oder sogar einer Versicherung trägst, mache dir anhand des »goldenen Dreiecks« einiges klar:

Rendite: Hier geht es um die Erträge bzw. Gewinne, die deine Ersparnisse abwerfen sollen. Klar, du möchtest möglichst viel mit deinem eigenen Geld verdienen. Am liebsten würdest du deinen Einsatz in ein paar Wochen verdoppeln oder gar verdreifachen. Entsprechend hoch wäre dann deine Rendite. Du könntest dir das neue Handy mit sämtlichem nützlichen und sinnlosen Schnickschnack kaufen. Träum weiter. Denn beim Investieren gilt: Je höher die Renditechancen einer speziellen Anlageform sind, desto größer sind auch die Verlustrisiken. Ganz brutal gesagt: Wenn du im Handumdrehen ein paar hundert

Prozent verdienen möchtest, besteht auch die Gefahr, dass du genauso schnell pleite bist. Deshalb: Entscheide zuerst, ob du große Verlustrisiken überhaupt eingehen möchtest. Falls du dazu nicht bereit bist, gilt: Finger weg von Anlageangeboten, bei denen die Reifen qualmen und quietschen. Womit wir auch schon beim zweiten Punkt des »magischen Dreiecks« angelangt sind: der ...

Sicherheit: Einen absoluten Schutz davor, sein ganzes Geld oder Teile davon bei der Geldanlage einzubüßen, gibt es nicht. Deshalb prüfe – wieder einmal, bevor du deine Ersparnisse investierst – wie viel Sicherheit du brauchst und wie viel Risiko du dir selbst zumuten möchtest. Es gibt ausreichend Anlageformen mit einer vergleichsweise hohen Sicherheit. Und genauso viele Angebote, bei denen du die eine oder andere Nacht schweißgebadet aufwachst oder gar nicht erst einschläfst aus Angst, dein Trinkgeld vom Kellnerjob endgültig zu verlieren. Es kommt also auf deine »persönliche Risikobereitschaft« an, wie mundflinke Anlageberater gerne formulieren. Hast du Nerven wie Drahtseile, dürfen deine Investments ruhig ein wenig riskanter sein. Das ist eben der Preis für überdurchschnittliche Renditechancen. Zählst du hingegen eher zu den Hasenfüßen, die schon beim Rauchen auf der Schultoilette das Nervenflattern packt, muss deine Geldanlage nach menschlichem Ermessen so gut wie kein Risiko haben. Bist du hingegen nicht Fisch, nicht Fleisch, dann entscheide dich für den goldenen Mittelweg: recht große Sicherheit, zugleich aber auch ziemlich üppige Gewinnchancen.

Die richtige Entscheidung für eine Geldanlage zu treffen, ist oft genauso schwer, wie sein Abitur mit einem glatten Einser-Schnitt zu machen.

Das Thema Sicherheit lässt sich nicht beleuchten, ohne einen Blick auf den so genannten Anlagehorizont zu werfen. Auf Deutsch: Denk darüber nach, wie lange du auf dein Geld verzichten kannst. Bei der Geldanlage, speziell solcher in Aktien und Aktienfonds, ist fast immer die Rede von Langfristigkeit. Denn das Anlagerisiko sinkt mit der Anlagedauer. Und umgekehrt: Es steigt, je schneller du wieder an dein Geld heranmöchtest.

Natürlich denkst du nicht gerade ans eigene Häuschen in 15 oder 20 Jahren oder an die Altersversorgung. Der schicke Rennflitzer, die erste Wohnungseinrichtung oder der dreiwöchige Kracher-Urlaub in der Südsee liegen schon etwas näher. Die wenigsten Jugendlichen handeln bei der Geldanlage langfristig, sondern eher in Rhythmen von ein, zwei oder drei Jahren. Daran gibt es auch überhaupt nichts auszusetzen. Wenn du genau weißt, dass du während eines überschaubaren Zeitraums an deine Ersparnisse heranmöchtest, machst du einen weiten Bogen um sehr riskante Anlageformen. Sicherheit ist hier Trumpf, damit du neben deinem Kapitaleinsatz auch noch eine halbwegs zufrieden stellende Verzinsung erwirtschaftest.

Liquidität: Der passende deutsche Begriff dafür lautet »Verfügbarkeit«. Ein Aspekt, den du nicht unterschätzen solltest. Nur mal angenommen, du hast in den vergangenen drei, vier Jahren alles in allem 5000 Euro zusammengespart. In diesem Betrag steckt viel eigenes Geld von dir drin, aber auch Zinsen, Dividenden und Wertzuwächse haben sich ganz schön geläppert. Erst vor drei Monaten hast du deine Aktien und Aktienfonds mit einem schönen Profit verkauft und für das Geld – sicher ist sicher – Bundesschatzbriefe erworben. Zufällig kommst du mit ein paar Freunden bei einem Mopedhändler vorbei. Und da steht dein Traumknatterer, genau das Zweirad, von dem du schon lange schwärmst. Den Moped-Führerschein willst du rechtzeitig machen. Deine Eltern haben dir versprochen, 1000 Euro für den ersten fahrbaren Untersatz zuzuschustern. Die restlichen 3000 Euro musst du bezahlen. Und jetzt ist die Überraschung, man könnte auch Enttäuschung sagen, riesengroß: Du kommst an dein Geld nämlich nicht so schnell ran.

Zwar sind deine 5000 Euro in Bundesschatzbriefen angelegt und deshalb so sicher wie in Abrahams Schoß und Verluste hast du auch keine gemacht. Aber die »Schätzchen« kann man erst nach zwölf Monaten wieder zu Bargeld machen. Genau das hatte dir dein Bankberater beim Kauf der Schatzbriefe nicht erzählt, es stand sicherlich im so genannten Kleingedruckten, das du siegessicher ignoriert hattest. Deine einzige Hoffnung ist jetzt, dass dir deine

Eltern das Geld so lange leihen, bis du deine Bundesschatzbriefe verkaufen darfst.

Du siehst: Was nützt dir die sicherste Anlageform
und was bringen dir die höchsten Renditen, wenn du
an deine Ersparnisse nicht herankommst.

Tipp:

**Bevorzuge Anlageformen mit einer recht hohen »Liqui-
dität«. Das sind nicht unbedingt Bundesschatzbriefe oder
Finanzierungsschätze vom Staat. Aber auch manchen
Sparplänen von Banken und Sparkassen mangelt es an
der gewünschten »Verfügbarkeit«. Entweder du kommst
überhaupt nicht früher als vereinbart an dein Geld. Oder
aber du musst Zinseinbußen in Kauf nehmen, weil sich
die Geldinstitute eine vorzeitige Kündigung von solchen
Verträgen bezahlen lassen. Besser bedient wirst du in
puncto Liquidität etwa mit börsennotierten festverzinslichen Wertpapieren wie Aktien, aber auch Investmentfonds aller Art. Wenn du beispielsweise die Aktien von
SAP oder Siemens über deine Bank an der Börse verkaufst, hast du innerhalb von zwei bis drei Tagen dein
Geld. Ähnliches gilt für Investmentfonds. Auch hier ist
ein Anteilsverkauf jederzeit, nämlich börsentäglich von
montags bis freitags, möglich. Die Gutschrift über den
Verkaufserlös erhältst du ein paar Tage später, das Geld
ist umgehend auf deinem Konto.**

Für dich wichtig sind im Grunde nur zwei Anlage-
kategorien: die eine, bei der wie bei Bundesschatzbriefen oder Staatsanleihen und Rentenfonds *Zins-
einkünfte* im Vordergrund stehen. Und die andere,
das sind hauptsächlich Aktien und Aktienfonds, wo
es überwiegend auf *Wertzuwächse* ankommt. Und
jetzt endlich kommt die Tabelle mit den wichtigsten
Anlageformen dieser beiden Kategorien. Hier kannst
du schnell nachlesen, wo die Vor- und Nachteile für
dich liegen.

»Ertrag«-Investments

Anlageform	Vorteile	Nachteile
Schatzbriefe	Ziemlich sichere Ange-legenheit, die auch für Kleinsparer geeignet ist.	So schnell kommt man nicht an sein Geld, das liegt erst mal fest.
Finanzierungs-schätze	Schatz klingt immer gut. Hier ist sehr hohe Sicherheit gegeben und sie eignen sich be-sonders für Kleinsparer.	Leider, leider: Man kommt gerade dann nicht an das Geld, wenn es vielleicht mal dringend gebraucht wird.
Staatsanleihen	Die bieten attraktive Zinsen. Dass da Kapital rausspringt, ist weit gehend sicher.	Man erlebt beim Zeitungsstudium der Kurse durchaus Hochs und Tiefs.
Pfandbriefe	Eine sichere Nummer mit attraktiven Zinsen und einer ziemlich sicheren Kapitalrück-zahlung.	Die Kurse gehen schon mal hoch und runter.
Unternehmens-anleihen	Die bieten recht hohe Zinsen.	Kursschwankungen gehören einfach zum Risiko.
Europäische Rentenfonds	Hier sind vor allem eine attraktive Verzinsung und eine hohe Liquidität garantiert. Dass Kapital zurückfließt, ist weit gehend sicher.	Kursrisiken gehören dazu.
Internationale Rentenfonds	Recht hohe Zinsen, hohe Liquidität.	Kurs- und Währungs-risiken.
Banksparpläne u. a.	Eine gute Verzinsung und die weit gehende Sicherheit, dass unterm Strich was Ordentliches rausspringt, machen diese Form attraktiv.	Man kommt nicht an das Geld, wenn mal ein finanzieller Notfall eintritt, sprich: man-gelnde Verfügbarkeit.
Offene Immo-bilienfonds	Hiermit können kon-stante Erträge erzielt und zusätzlich steuerliche Vorteile genutzt werden.	Na ja, man schaut nicht so ganz durch, welche Transfers da wirklich laufen: häufig Intrans-parenz.

Anlageform	Vorteile	Nachteile
Internationale Aktien		erhebliche Kursrisiken
Deutsche Aktienfonds		Kursrisiken
Internationale Aktienfonds	Geldmangel? Kein Problem. Wenn dein Geld hier angelegt ist, kommst du schnell wieder ran und hast trotzdem hohe Gewinnchancen.	hohe Kursrisiken
Zertifikate		hohe Kursrisiken
Optionsscheine		immense Kursrisiken
Branchenfonds		immense Kursrisiken
Regionalfonds		immense Kursrisiken
Termingeschäfte aller Art		außerordentliche Kursrisiken

BÖRSE FÜR DICH

How the Dow & Co.

Selbst Dagobert Duck würde sein Geld heutzutage an der Börse einfach vermehren, statt es vor seinen gierigen Verwandten zu verstecken. Auf dem Marktplatz für Aktien, Anleihen, Währungen, Optionsscheinen und viele andere Anlageformen lässt sich aus recht wenig Geld mehr Geld machen.

Ganz so einfach, wie es sich anhört, ist es aber nicht. Denn Erfolg an der Börse hat überhaupt nichts mit Glück oder Zufall zu tun. Denn nur wer die Spielregeln am Geld- und Kapitalmarkt genau kennt, kann gewinnen.

Ein Stück vom Unternehmen

Welche Marken findest du gerade hipp? Vielleicht Hennes und Mauritz (H & M), bei denen es immer so coole Klamotten gibt? Oder stehst du eher auf Nike für dein Outfit? Und nach dem Einkaufen gehst du hin und wieder zu McDonald's und genehmigst dir einen Burger und eine Coke, stimmt's? Ganz egal, wo du lieber einkaufen gehst: Hast du dir schon einmal überlegt, dass hinter jeder coolen Marke eine knallhart kalkulierende Firma steht? Und die braucht eine Menge Geld, beispielsweise um die Miete für die Läden zu bezahlen, in denen du einkaufen gehst. Oder die Entwürfe für neue Sportschuhe zu entwickeln, die du einige Monate später trägst. Doch woher nehmen diese Unternehmen das Geld, um solche Investitionen zu bezahlen? Ganz einfach gesagt: Sie gehen an die Börse, um Kapital einzusammeln.

Für einen Anteilsschein (Aktie) an dem Unternehmen bezahlen interessierte Anleger, so genannte Investoren, einen bestimmten Preis, den so genannten Kurswert. Im Gegenzug wird der Aktionär Miteigentümer des Unternehmens, einer Aktiengesellschaft. Und zwar ist der Aktionär in Höhe des aufgedruckten »Nennwertes« am Kapital der Firma beteiligt. Nennwert und Kurswert stimmen fast nie überein. Der Kurswert – auch Börsenkurs genannt – liegt regelmäßig höher. Er nennt den Preis, den Anleger für eine Beteiligung an einer bestimmten Firma bereit sind zu zahlen.

Was hältst du davon, einen kleinen Teil von McDonald's oder Adidas zu besitzen? Keine schlechte Idee, oder? Falls du dein Geld später in eine andere Firma investieren willst, auch kein Problem. Aktionäre können ihre Aktien, also die Eigentumsscheine, an der Börse von montags bis freitags kaufen und wieder verkaufen.

Die Börse ist der Handelsplatz unter anderem für Aktien. Angebot und Nachfrage bestimmen den jeweils aktuellen Preis der »Ware Aktie« auf dem riesigen, inzwischen weitgehend computerisierten Marktplatz für den Handel mit Unternehmensanteilen. Wollen mehr Anleger kaufen als verkaufen, steigen in aller Regel die Börsenkurse. Umgekehrt fallen sie. Der Börsenkurs, den du übrigens im Wirtschaftsteil der Tageszeitung nachlesen oder im Internet finden kannst, ist gleich dem so genannten Kurswert. Davon unterscheiden musst du den so genannten Nennwert: Während der Kurswert sich mit dem Interesse der Anleger verändern kann, also entsprechend Angebot und Nachfrage sinkt oder steigt, bleibt der Nennwert immer gleich. Als Aktionär bist du in Höhe des aufgedruckten Nennwertes am Kapital des Unternehmens beteiligt. Dieser Nennwert verbrieft deinen Eigentumsanteil, falls – was jedoch bei großen Firmen selten vorkommt – das Unternehmen pleite geht und die noch vorhandenen Vermögenswerte an die Eigentümer verteilt werden müssen.

Zurück zum Normalfall: dem Investieren an der Börse. Bei einer Kapitalanlage zählt vor allem, was am Schluss rauskommt. Wie viel eine Geldanlage abwirft, heißt in der Fachsprache der Börsianer Performance, Rendite oder Wertzuwachs. Die Rendite speist sich aus zwei Quellen: die eine sind regelmäßige Ausschüttungen oder Gewinnbeteiligungen wie die »Dividenden« bei Aktien und Aktienfonds. Zusätzlich berücksichtigt wird der Wertgewinn bzw. -verlust des Anlageobjekts selbst. Bei Aktien und börsennotierten festverzinslichen Wertpapieren sind das beispielsweise die Kursveränderungen.

Alles hat einen Haken: Wer an der Börse verdienen will, muss zunächst mal investieren. Das brauchen nicht gleich Tausende zu sein. Auch kleinere Summen reichen aus, um aus dem Vorhandenen mehr zu machen. Klar, das ist nicht ohne Risiko. Du kannst deinen Einsatz verlieren. Oder es dauert längere Zeit, bis du endlich Gewinn gemacht hast.

Trockenübungen – Börsenspiele

No risk – no fun! Doch wer bei der Geldanlage nach diesem Motto handelt, ist nicht besonders clever. Denn was nützt es, wenn von deinem Taschengeld oder Omas Sponsoring nichts übrig bleibt?

Besser, du probierst erst einmal aus, wie gut du wirklich als Investor bist. Das geht ganz einfach: Sparkassen in Deutschland veranstalten das »Planspiel Börse«, das größte Börsenspiel für Schülerinnen und Schüler in Europa. Los geht die »Trockenübung« meist im Oktober und dauert zwei Monate. Ist doch eigentlich klar: Damit der Umgang mit Geld an der Börse zum Kinderspiel wird, musst du erst mal ordentlich trainieren. Falls du eine falsche Entscheidung triffst, wirst du davon nicht ärmer, an Erfahrung aber reicher.

Wenn du nicht gern allein trainierst, dann nimm doch zusammen mit deinen Klassenkameraden oder Freunden teil. Für jede Gruppe gibt's ein – fiktives – Wertpapierdepot mit einem Startkapital von 50 000 Euro. Sieger sind die Teams, die am letzten Börsentag den höchsten Gewinn durch den geschickten Kauf und Verkauf von Wertpapieren aus ihrem Startkapital erzielt haben.

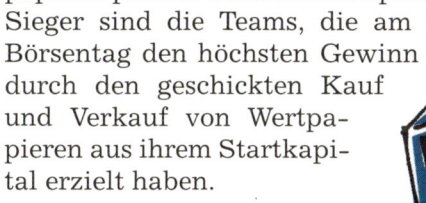

Zur Auswahl stehen 120 Wertpapiere, die an den Börsen Frankfurt, Paris, Wien und Stockholm gehandelt werden. Eine spannende Angelegenheit, bei der du nicht nur Erfahrungen sammeln, sondern auch einen Preis gewinnen kannst. Die Siegergruppe aus einem Börsenspiel hat z. B. mal eine mehrtägige Reise nach Dublin gemacht. Chancen auf den Sieg hat man allerdings nur, wenn man Bescheid weiß über das Börsengeschehen. Deshalb: Weiterlesen!

Learning by Earning – Börsen-Latein

Info zuerst: Damit du weißt, ob sich der Kauf einer bestimmten Aktie lohnt, musst du dir erst mal ein Bild über das jeweilige Unternehmen machen. Fahren die Verbraucher, also auch du, auf die Produkte des Unternehmens ab? Ist die Firma erfolgreich und macht sie Gewinn? Für dich ist es natürlich nicht möglich, alle wichtigen Daten über ein Unternehmen zu erhalten, auszuwerten und diese Fragen richtig zu beantworten. Das brauchst du auch gar nicht, denn das übernehmen Fachleute, so genannte Analysten. Damit du deren Meinung zu bestimmten Unternehmen verstehen kannst, hier ein paar Beispiele zur »Sprache der Analysten«:

Kaufen: Heißt unter Analysten in die »Aktie einsteigen«. Die Empfehlung signalisiert einen Top-Wert, von dem der Experte Großes erwartet. Selbst wenn die Börse abbröckelt.

Halten: Könnte eine »so la-la« Wertung sein. Der Aktionär kann passiv bleiben, falls er das Papier bereits im Depot hat. Wenn nicht, drängt sich ein Kauf kaum auf. Doch oft ist der Halte-Rat ein versteckter Hinweis, die Aktie zu meiden. Wer sie noch nicht hat, lässt sie auch weiter links liegen. Bedeutet »Halten« in Wahrheit »Verkaufen«, gilt: Ist sie bereits im Depot, so schnell wie möglich raus damit.

Verkaufen: Meist ohne Wenn und Aber eine absolute Börsenniete. Nach Meinung des Experten jedenfalls. Nicht mit der Kneifzange anfassen, umgehend aus dem Depot entfernen. Aber: Unverblümte Verkaufsempfehlungen geben Analysten so gut wie nie.

Bei Analysten aus dem englischen bzw. amerikanischen Raum wird's noch unübersichtlicher, weil dort weitaus mehr und deshalb feinere Bewertungsstufen bekannt sind. Doch auch bei deren Empfehlungen nicht alles auf die Goldwaage legen!

Buy: Entspricht eigentlich dem deutschen »Kaufen«. Es sei denn, die Investmentbank oder das Brokerhaus hat zusätzlich »strong buys« auf Lager. Das sollen dann die Top-Empfehlungen sein. Nach dem Motto: Kaufen um jeden Preis. Vor diesem Hintergrund ist die »Buy-Einstufung« doch kein toller Tipp, wenn nicht gar ein verbrämter Verkaufshinweis. Aktien, die von US-Experten mit »strong buy« versehen werden, landen oft auf der »recommended list« (sprich: unterm Ladentisch) für sehr gute Kunden.

Hold und Sell: US-Entsprechung der deutschen Empfehlungen »Halten« und »Verkaufen«. Der konkrete Verkaufshinweis kommt ebenfalls selten vor.

Weak Hold und Accumulate: Unter Insidern ist das »schwache Halten« eine drastische Verkaufsempfehlung, während »Akkumulieren« auf eine eigentlich solide Aktie hinweist, deren Kurs momentan ins Trudeln geraten ist. Frei ins Deutsche übersetzt, lautet die Empfehlung: »bei Schwäche nach- oder zukaufen«.

Angenommen, du hast eine gute Entscheidung getroffen. Der Kurs der Aktie steigt und steigt. Jetzt willst du deinen Gewinn »mitnehmen«, indem du verkaufst. Das heißt: Auf dem Aktienmarkt muss sich ein neuer Eigentümer für deinen Anteil finden. Das ist manchmal gar nicht so einfach. Denn: Damit

Aktien an der Börse problemlos den Investor wechseln können, muss ein reger Handel stattfinden. Börsianer sprechen in diesem Zusammenhang von »Liquidität«. Sofern ein Wertpapier liquide ist, dürften Kauf und Verkauf jederzeit problemlos über die Bühne gehen. Deshalb reicht es für Kleinanleger wie dich nicht aus, eine attraktive Aktie zu finden. Du musst anhand verschiedener Marktkriterien auch sicherstellen, dass ein Verkauf des Wertpapiers jederzeit und am besten mit dickem Gewinn möglich ist.

Das funktioniert ganz einfach, indem du regelmäßig die Buchstabenzusätze hinter den Börsenkursen beobachtest. Sie signalisieren, ob eine Aktie rege gehandelt wird. Hier die wichtigsten:

b oder kein Zusatz: Angebot und Nachfrage sind ausgeglichen. Alle Kauf- und Verkaufaufträge konnten ausgeführt werden. Statt »b« wird auch »bz« oder »bez« verwendet. Alle drei bedeuten »bezahlt«.

B wie Brief: Mehr Angebot als Nachfrage. Zum genannten Kurs fanden keine Umsätze statt.

G wie Geld: Nur Nachfrage, kein Angebot. Zum genannten Kurs keine Umsätze.

bB und bGeld: Zum genannten Kurs kamen Umsätze zustande. Es gab jedoch noch zusätzliches Angebot (bB) bzw. weitere Nachfrage (bG), für die sich keine Käufer/Verkäufer fanden.

T wie Taxe: Die Aktie wurde nicht gehandelt. Den Kurs hat ein Börsenmakler lediglich annäherungsweise geschätzt (taxiert).

au bzw. ausg wie ausgesetzt: Die Aktie war am betreffenden Tag vom Börsenhandel suspendiert. Es fand kein Handel statt. Der Wert wurde weder gekauft noch verkauft.

Zocken mit Grenzen

Keine Frage: Früh übt sich, wer Investor werden will. Weil an der Börse meist ein größeres Rad gedreht wird als mit Sparbuch und Co., haben viele Jugendliche das Handelsparkett inzwischen entdeckt. Doch wo ein hoher Gewinn möglich ist, fällt das Risiko in aller Regel auch größer aus als bei eher langweiligen – pardon, konventionellen – Anlageformen. Für dich als cleveren Investor, der gerne an die Börse will, bleibt das nicht ohne Folgen. Denn, du erinnerst dich, für Verträge mit Finanzinstituten gilt: Nichts ohne deine Eltern. Die Zustimmung der Erziehungsberechtigten ist unbedingt erforderlich (siehe Seite 90 ff). Weil es bei Geschäften an der Börse nicht um kleine Taschengeldbeträge, sondern meist um größere Summen geht, schaut der Gesetzgeber bei solchen Transaktionen ganz genau hin.

Das gilt im Übrigen auch für deine Eltern. Falls sie für dich aktiv werden und Erbschaften oder Geldgeschenke verwalten, macht auch ihnen der Gesetzgeber bestimmte Vorschriften. So heißt es unter anderem im Gesetz: »Die Eltern haben das ihrer Verwaltung unterliegende Geld des Kindes nach den Grundsätzen einer wirtschaftlichen Vermögensverwaltung anzulegen« (§ 1642 Bürgerliches Gesetzbuch). Damit sind in der Regel so genannte mündelsichere Anlagen wie festverzinsliche Wertpapiere

gemeint. Außerdem können Eltern durchaus Probleme bekommen, wenn sie das Geld von Sohn oder Tochter in riskante Werte wie Neue-Markt-Aktien stecken. Denn damit gefährden sie das Vermögen ihres Kindes. Verringern sie es, hat »das Vormundschaftsgericht die zur Abwendung der Gefahr erforderlichen Maßnahmen zu treffen« (§ 1667 Bürgerliches Gesetzbuch). Das kann so weit gehen, dass die Richter bestimmen, wie dein Geld investiert wird. Das ist in der Praxis aber eher die Ausnahme. Zeig deinen Eltern trotzdem mal diesen Abschnitt.

Wenn du Spaß an Börsengeschäften hast und unbedingt (mit deinen Eltern) auf dem Parkett mitmischen willst, ist die sicherste Möglichkeit: Deine Eltern legen ein Depot auf deinen Namen an und du entscheidest über Käufe und Verkäufe. Sobald du volljährig wirst, übertragen dir deine Eltern das Depot. Falls dir diese Vorgehensweise zu spießig erscheint, denk dran: Börse ist Abenteuer, aber kein Abenteuerspielplatz. Draufgänger landen schnell im Aus. Solche Regeln dienen also zu deinem eigenen Schutz. Falls du noch einen Gang zuschalten willst und an Aktienkauf im Internet interessiert bist, wirst du schnell feststellen, dass dort teils noch strengere Regeln gelten.

Online-Broker für Jugendliche – Schnell ausgebremst

Heiße Online-Aktiendeals sind eine wahre Freude. Für denjenigen, der die richtige Entscheidung getroffen hat. Denn im Handumdrehen kann man tausend Euro und mehr verdienen. Das Internet als schnelles Medium zwischen dir und der Bank und der Börse lässt oft Zeit zu Geld werden, weil du blitzschnell reagieren kannst. Doch Vorsicht: Aktienkauf im Internet ist trotzdem nur was für wirklich ausgebuffte Börsencracks. Und so mancher hat sich daran schon gewaltig die Finger verbrannt.

Im Umgang mit minderjährigen Brokern werden die Banken deshalb zunehmend vorsichtiger. Bei manchem Anbieter dürfen Minderjährige weder ein Depot

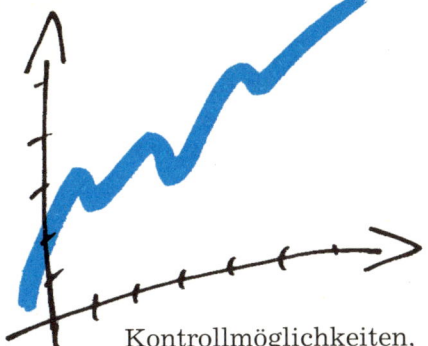

eröffnen noch ohne Zustimmung der Eltern Wertpapiere handeln. Der Grund: Das Internet entzieht sich den im Bankgeschäft üblichen Kontrollmöglichkeiten, etwa mithilfe von Handschriftenprobe. Während traditionelle Häuser mit Schalterhallen bei jeder Transaktion eine Unterschrift verlangen können, ist das für Direktbanken unmöglich.

Manche Online-Broker akzeptieren deshalb keine Kundschaft unter 18 Jahren. Bei manch anderem Anbieter musst du zwar nicht ganz draußen bleiben, darfst aber nur in eingeschränktem Rahmen aktiv werden. Wie der ausfällt, ist ebenfalls von Anbieter zu Anbieter unterschiedlich. Falls du also Interesse am Internet-Wertpapierkauf hast, erkundige dich am besten direkt beim Broker, welche Art von Geschäften er aktuell mit dir eingehen will.

Hier kannst du dich erkundigen

Bank	Internetadresse
Advance Bank	www.advance-bank.de
Allianz Vermögensbank	www.allianz-bank.de
Brokerage24	www.brokerage24.de
Comdirect	www.comdirect.de
ConSors	www.consors.de
Direkt Anlage Bank	www.dab.com
Easytrade	www.easytrade.de
Entrium	www.entrium.de
Fimatex	www.fimatex.de
NetBank	www.netbank.de
Patagon	www.patagon.de
S-Broker	sbroker.de
1822direkt	www.1822direkt.de

FONDS – GOOD-BUY FÜR CLEVERE

Erst wenn du auf dem »Parkett«, wie der Handelsplatz der Börsianer genannt wird, fit bist, solltest du ins echte Börsianerleben einsteigen.
Nachdem du einige Trockenübungen in puncto Börse hinter dir hast, fängst du als »absolute beginner« deshalb besser klein an. Das heißt: Mit vergleichsweise wenig Geld und geringem Risiko kannst du dein Geld in einem Investmentfonds anlegen.

Vermögen aufbauen mit Fondssparplänen

Fonds sind so etwas wie Kapitalsammelbecken. Das heißt: Viele tausend Kleinanleger investieren eine gleich hohe Summe, zum Beispiel 5000 Euro, oder legen jeden Monat einen bestimmten Betrag an, beispielsweise 50 Euro. Durch das viele kleine Geld Einzelner schwillt das Kapital in einem Investmentfonds mit der Zeit an. Dadurch können dann die »Fondsmanager« – so heißen die Experten, die sich um das Geld der Anleger kümmern – aus dem Vollen schöpfen und größere Summen in bestimmte Anlageformen (zum Beispiel Aktien) investieren. Indem zahlreiche Anleger zusammen viel Geld in einem Fonds anlegen, lässt sich die Gefahr für das ganze Geld deutlich verringern. Die Experten der Fondsgesellschaften investieren das Kapital nämlich in viele unterschiedliche Firmen. Diese breite »Streuung« bewirkt einen enormen Risikopuffer. Denn hier macht es sich kaum bemerkbar, wenn zwei oder drei Investitionen weniger wert werden, der Rest dafür aber deutlich an Wert gewinnt. Sozusagen: Wenn über ein paar Unternehmen plötzlich der Pleitegeier kreist, können die Gewinne aus anderen Firmen, die gute Geschäfte machen, das auffangen. Schlecht sieht es bloß aus, wenn ein paar ziemlich große Unternehmen vor der Kapitulation stehen. Das fangen die Kleinen nicht unbedingt so leicht auf.

Gut bei Investmentfonds ist aber, dass du im Gegensatz zum Direktkauf von Unternehmensanteilen an der Börse nur einen vergleichbar geringen Teil anzulegen brauchst. Dazu reicht unter Umständen dein Taschengeld aus. Falls nicht, frage bei deinen Eltern nach einem Extra-Sponsoring.

Kleine Scheine, großes Geld

Bequemer geht es also kaum. Sparfleiß, langer Atem und ein guter Fonds – schon kann aus wenig Geld über Jahrzehnte ein großes Vermögen werden. Wie hoch deine Rendite als Anleger ausfällt, ist unter anderem vom Kaufzeitpunkt abhängig. Doch selbst Experten fällt das richtige Timing nicht leicht. So gut wie keine Probleme mit dem passenden Einstieg hast du als langfristig orientierter Anleger mit Fondssparplänen.

Die sind oft schon ab 50 Euro monatlich möglich. Mit diesem Betrag erwirbst du automatisch Anteile deines Fonds, die auch in Bruchteilen deinem Investmentkonto gutgeschrieben werden. Beispiel: Kostet ein Fondsanteil einschließlich Ausgabeaufschlag 150 Euro und investierst du 100 Euro, so erwirbst du für diesen Betrag 0,6666 Anteile.

Auch mit der regelmäßigen Anlage kleinerer Beträge lassen sich stattliche Gewinne erzielen. Ermöglicht wird dies durch das so genannte Cost-Averaging sowie den Zinseszins-Effekt bei Wiederanlage der Erträge. Das heißt: Sparer erhalten bei den meisten Fondsanlagen jährliche Ausschüttungen. Bei Rentenfonds sind das vor allem die Zinsen, welche die verschiedenen Anleihen erwirtschaften. Bei Aktienfonds handelt es sich um Dividenden und andere Erlöse, die dem Sparer nach Abzug von Kosten und Gebühren einmal im Jahr als Ausschüttung gutgeschrieben werden. Wenn du diese Kapitalerträge nicht benötigst, solltest du den Zinseszins-Turbo einschalten und für das Geld neue Fondsanteile erwerben.

Der Cost-Average-Effekt

Beim Cost-Average-Effekt nutzt du die Kursschwankungen an der Börse aus. Legst du regelmäßig ein und dieselbe Summe an, erwirbst du bei hohen Kursen wenige und bei niedrigen Börsenpreisen viele Fondsanteile. Per saldo ergibt sich daraus ein deutlich günstigerer Kaufpreis je Fondsanteil als etwa beim regelmäßigen Kauf einer bestimmten Anzahl von Anteilen unabhängig von deren jeweiligem Wert. Über die Jahre glätten sich so die Kursausschläge. Während für Anleger mit Einzelwerten das Auf und Ab an den Börsen ein ständiges Wechselbad der Gefühle bedeutet, kannst du dich als Fondssparer sogar freuen, wenn die Kurse am Boden sind. Denn dann bekommst du mehr Fondsanteile für dein Geld.
Zwar solltest du als Fondssparer grundsätzlich einen längeren Atem haben. Aber auch als ungeduldiger Spekulant hast du hohe Gewinnchancen, sofern du auf die richtigen Fondsprodukte setzt. Infrage kommen vor allem so genannte Trading- oder No-Load-Fonds. Bei diesen Fonds müssen Sparer keine Ausgabeaufschläge zahlen. Zum Ausgleich verlangen die Fondsgesellschaften höhere jährliche Managementgebühren, die auch »Fee« genannt werden. Solche Angebote eignen sich durchweg nur für kurz-

atmige Spekulanten, die andauernd von einem zum anderen Fonds springen, um auch die kleinsten Gewinne mitzunehmen. Wer seine Anteile längerfristig halten möchte, setzt auf Fonds mit Ausgabeaufschlag. Denn auf Dauer zehren die höheren Verwaltungsvergütungen bei Trading-Fonds den anfänglichen Kostenvorteil wieder auf, der mit dem Wegfall des »Agios«, so der Fachbegriff für »Ausgabeaufschlag«, verbunden ist. Am preiswertesten gibt es die Sparpläne bei den Direktbanken. Diese gewähren kräftige Rabatte bei den Ausgabeaufschlägen und verzichten meist auf Depotgebühren.

Young-Generation-Fonds – Voll im Trend

Hamburger essen, bis du platzt – und trotzdem wächst dein Wertpapierdepot? CD-Player kaufen, ins Kino gehen – und damit den eigenen Kontostand in die Höhe treiben? Während die einen bloß einkaufen gehen und damit viel Geld ausgeben, ziehst du daraus deinen Gewinn. Wie das funktioniert?

Wenn du dir überlegst, in welchem Fonds sich dein Geld mehren soll, hast du selbstverständlich die Qual der Wahl. Denn die Auswahl ist riesig. Du kannst dein Geld in deine Lieblingsmarken investieren. Denn Marken wie Coca-Cola, McDonald's, Sony, Ericsson, Walt Disney, Tommy Hilfiger und Yahoo zählen zu den Topwerten an der Börse. Bestimmte Fonds haben in prominente Jugendmarken investiert und

Hier kannst du dich informieren

www.deka.de
www.gamax.de
www.youngdynamic.nl
www.adig.de
www.activest.de

RÜLPS!

sorgen so unter Teens und Twens mit ihrer Wertentwicklung für Furore – vorausgesetzt, an der Börse geht es allgemein aufwärts.

Zu solchen »Fun-Funds« zählen beispielsweise der »Young Generation Fonds« von Adig, der »Young World« von Activest, der XTENSION der Deka-Gruppe, der »YoungDynamic« der Robeco Group oder der »Junior Fonds« von GAMAX. Detaillierte Informationen zu den einzelnen Fonds erhältst du direkt bei der entsprechenden Fondsgesellschaft.

Gebühren – Kleiner Preis, großes Geld

Den Einstieg in Aktien oder Fonds gibt es nicht kostenlos. Fondsgesellschaften wie Banken wollen für ihre Dienstleistungen Geld. Sie verlangen – alles auf einmal oder wahlweise – Ausgabeaufschlag, Managementgebühren, Depotgebühr und Erfolgsbeteiligung. Deshalb: Vermeide unüberlegte Käufe und Verkäufe.

Bei einer Direktanlage an der Börse wird ebenfalls Geld für die Dienstleistung der Banken oder anderer Finanzinstitute, über die der Auftrag abgewickelt wird, fällig. Dies sind: Maklercourtage, Provision und Spesen.

Internet-Adressen

Für Fonds-Cracks: www.fondscheck.de, www.fondsweb.de, www.micropal.de, www.fondsonline.de, www.portfolio-concept.de, www.aspect-online.de

Für Börsen-Cracks: www.business-channel.de, www.wallstreet-online.de, www.onvista.de

Für Kids mit Knete oder solche, die es werden wollen: www.timm-boerse.de, www.strongkids.com

DAS DICKE ENDE ...

Gratulation, du hast es bis zur letzten Seite geschafft, dich mit Ideen, Tipps und Tricks so zu versorgen, dass dich der Pleitegeier künftig meidet. Jetzt gilt: »Ran an die Mäuse!«, alles testen und probieren, aber nichts überstürzen und bei allem einen kühlen Kopf bewahren. Es ist noch kein Meister vom Himmel gefallen, also erwarte nicht, dass du in Kürze die Hitliste der Millionäre anführst. Sieh jeden getanen Schritt als Erfolg an. Bleibe hartnäckig, dann wird es dir wirklich gelingen, dass dir dein Geldbeutel nicht mehr müde entgegengähnt, sondern frisch und munter klimpert.

Wenn es ganz brenzlig wird!

Tröste dich, nicht nur dir und deinen Altersgenossen macht das Zusammenhalten des Geldes manchmal Mühe. Selbst viele Erwachsene knapsen mit dem Geld herum, entweder weil sie den Verlockungen der Konsumwelt trotz geringen Finanzpolsters nicht widerstehen können, oder aber, weil sie mit zu wenig Geld einfach zu viele wichtige Dinge bezahlen müssen. Wenn Erwachsene dann clever sind, anstatt sich Nacht für Nacht schlaflos im Bett herumzuwälzen, gehen sie zur Schuldnerberatung. Schuldnerberatungsstellen gibt es in jeder größeren Stadt. Inzwischen bieten auch viele Banken eine solche Beratung an. Solltest du das Gefühl haben, jemand braucht diesbezüglich Hilfe, dann findet ihr im Internet unter www.schulden-online.de eine Zusammenstellung kostenloser Schuldnerberatungsstellen in eurer Nähe.

Gute Unterhaltung für Mädchen ab 12! Freche Bücher mit selbstbewussten, couragierten und oft chaotischen Heldinnen. Sie wissen, was sie wollen – wenn auch nicht immer sofort. Die kleinen und großen Alltagskatastrophen müssen bewältigt werden. Und auch in diesen Büchern gilt der eherne Grundsatz der Pubertät: Alles, was schief gehen kann, geht auch schief! **Willkommen im Universum der Gefühle!**

Freche Mädchen
freche Bücher
bei Thienemann

Jungs ab 12/13, deren Leben zwar voll hart ist, denen der Humor aber noch nicht abhanden gekommen ist, kamen bisher immer zu kurz. Bei uns nicht! „Für Mädchen verboten" heißt der – politisch sicherlich nicht ganz korrekte – Slogan. Zu erkennen sind die Jungenbücher an der Comic-Sprechblase. Damit Jungen „in den besten Jahren" nicht mehr heimlich nach unseren Mädchenbüchern greifen oder in die Röhre gucken müssen.

THIENEMANN